ノアの箱船と伝書鳩

紀元前2348-47

吉田和明
Yoshida Kazuaki

社会評論社

ノアの箱船と伝書鳩　紀元前２３４８—４７＊目　次

ノアの箱船と伝書鳩　紀元前2348－47＊目次

第一章　すべては聖書「創世記」から始まった

なぜ鳩が「平和のシンボル」とされたのか

鳩は「平和のシンボル」だとされている。

しかし、なぜ鳩が「平和のシンボル」なのだろうか。どうして、そういわれるようになったのか。実は、筆者には解せないのだ。いや、鳩を飼ったことのある人は誰しも、同じ疑問を抱いたことがあるに違いない。鳩はそれほど、「平和のシンボル」たるにふさわしい鳥だとは思えないのである。

というのも、鳩はよく喧嘩をする。鳩舎のなかでの自分のテリトリーや、あるいは異性の鳩をめぐって、喧嘩は絶えない。新参者を、よってたかっていじめたりもする。巣立ち直後の若い鳩など、飼育者が気をつけていてやらないと大変なことになる。

実に容赦がないのだ。相手が死ぬまで、クチバシで突つきまくる。そうして、決して攻撃を止めることがない。いや、死んでしまった鳩に対しても、クチバシで突つき続けていたりする。

読者諸氏は、信じないかもしれない。しかし、これは本当の話だ。

後頭部の羽毛を相手のクチバシによって毟られ、ずる禿になって血を流している鳩や、目の周りや鼻瘤《はなこぶ》から血を流している鳩を、筆者は何度も見ている。むろん、そうしてやられている鳩は、放っておけば殺されてしまうことになるので、気づいた時点ですぐに保護し、治療を施して他の鳩舎に移すことになる。

『愛鳩の友』という雑誌の発行人・明神庄吾さんが、同誌二〇〇五年二月号に書いた短いエッセイ「新世紀の曙光」のなかに、次のような一節がある。

〈(私には—筆者補足) 動物行動学者コンラト・ロレンツの言葉が脳裏にこびりついている。／「鳩には自己を規制する本能的な機能が備わってはいない。そのため同類に対して情け容赦のないところがある」／鳩はそもそも受身の動物である。殺傷力を持ち合わせていないため、却って残酷だとロレンツは考えている。その指摘に触発されて、私は某鳩舎で飼育されていた銘鳩の末路について思いを馳せないわけにはいかなかった。生きているとき並外れて喧嘩の強かったその鳩は、自分の巣房だけではなく、左右上下の巣房まで独占していた。唯我独尊の風情だったが、死に至るときの姿は哀れだった。眼球は同類につつかれて無くなり、頭蓋骨が露出するまでむしられていたらしい。〉

鳩は猛禽類と違って、一撃で相手を倒す能力を持ちあわせていない。そして、鳩には「自己を規制する本能的な機能が備わってはいない」。故に、攻撃は際限なく続くことになる。擬人化していうところの「殺意」を、鳩は相手に対して抱いてはいない。ただ、押さえがきかないだけなのだ。しかし、それが人間の目には「情け容赦のない」、「却って残酷」なもののように見える。

鳩を飼ったことのある人なら、こうした鳩の「情け容赦のない」、「却って残酷」に見える場面に、何度も出くわしたことがあるはずだ。

明神さんはこの一節に続けて、「巷間、動物はみな飼い主に酷似するという。平和の使者を飼育する人間の内面はどうだろうか」と、二十一世紀の人間世界の現状を憂いている。人間もまた、「自己を規制する本能的な機能」が昔から半分、壊れているのではないか。いつまでも終わることのない戦争なんて、その典型的な例だろう。

筆者は、明神さんの意見に賛成だ。人間の世界は残酷極まりない。こんなことを、いつまで続けているのか。

しかし、そうした人間のことについては、さておくことにしよう。どちらにしろ、人間について語ることは、今の筆者の手に余ることだからだ。ここで問題にしたいのは、ロレンツによって、「自己を規制する本能的な機能が備わってはいない」のだと語られる鳩についてである。つまり、筆者のここでの興味は、なぜこのような生き物である鳩が、「平和の使者」や「平和のシンボル」として扱われるようになったのかということである。

鳩は「平和の使者」や「平和のシンボル」としては、似つかわしい鳥ではない。見てきたように、「自己を規制する本能的な機能」のない鳥なのだ。では、なぜ……。

筆者はこの稿を、まずこの謎解きから始めたいと思う。

むろん、そうして鳩が「自己を規制する本能的な機能」を持ちあわせていないのは、別に明神さんがいうように飼い主である人間に似たからではない。もとより、鳩とはそうした鳥だったのだ。

たとえば、「ピース」という、日本の誇るおいしい煙草がある。読者諸氏もご存知だろう。筆者なども若い頃に愛飲していたことのある煙草だ。

この煙草のパッケージデザインには、オリーブの若葉のついた小枝をクチバシにくわえた鳩が使われている。このデザインに使われている鳩はいうまでもないが、この鳩のクチバシにくわえられたオリーブの葉もまた「平和のシンボル」としてある。今日、国連の旗のデザインにオリーブが使われていることからも、それは分かるだろう。

ちなみに、この「ピース」という煙草のパッケージに使われているデザインは、「ラッキーストライク」という煙草のパッケージや「スチードベーカー」という車の車体のデザインで知られるレーモンド・ローウィーによるものだ。彼は「口紅から機関車まで」といわれるように、日用品から鉱業機械まで様々なデザインを手がけたことで知られる二十世紀を代表するデザイナーだ。「ピース」のパッケージデザインは、昭和二十六年（一九五一年）からこのローウィーのものに改められた。

むろん、ローウィーは煙草の名前である「ピース」（つまり「平和」）を、このデザインによってシンボライズさせようとしたのであろう。では、そのデザインのアイデアは、何に由来するものなのか。ローウィーは、それをどこからとってきたのか。

おそらく、聖書からである。「創世記」のノアの箱船の話からだ。

アダムとイヴを創造された神は、やがて地のおもてに人が増え始めるのにしたがい、悪がはびこり、暴虐が満ちたので、地上のものを滅ぼそうと考え、洪水を起こす。そのとき、ノアだけが神の教えにしたがい正しく生きていたので、ノアとその家族だけが救われることになる。その話からである。

聖書「創世記」第六章十四節から二十一節に、次のようにある。


〈あなたは、ゴバーの木で箱船を造り、箱船の中に部屋を設け、瀝青《やに》でそのうちとそとを塗るがよい。／その造り方は次の通りである。すなわち、箱船の長さは三百キュビト、幅は五十キュビト、高さは三十キュビトとし、／箱船に窓を造り、上へ一キュビトにそれを仕上げ、また箱船の戸口をその横に設けて、一階と二階と三階のある箱船を造るがよい。／わたしは地の上に洪水を送って、命の息のある肉なるものを、みな天の下から滅ぼし去る。地にあるものは、みな死に絶えるであろう。／ただし、わたしはあなたと契約を結ぼう。あなたは子らと、妻と、子らの妻たちと共に箱船に入るがよい。／また、すべての生き物、すべての肉なるものの中から、それぞれ二つずつを箱船にいれて、あなたと共にその命を保たせなさい。それらは雄と雌とでなければならない。／すなわち、鳥はその種類にしたがい、獣はその種類にしたがい、また地のすべての這うものも、その種類にしたがって、それぞれ二つずつ、あなたのところに入れて、命を保たせなさい。／また、すべての食物となるものをとって、あなたのところにたくわえ、あなたとこれらのものとの食物にしなさい。〉

ノアは神にいわれたように箱船を造り、大洪水に見舞われたとき、家族とともにその箱船に難を避けた。その箱船には、また神にいわれてノアの集めた地上に住むありとあらゆる鳥や獣の雌雄一対も乗せられていた。洪水が地に起きたのは、ノアが六百歳の二月十七日であったとされている。それから四十日四十夜、神がいわれたように雨は地に降り注いだ。洪水の様子を描いた「創世記」第七章十七節から二十三節を引用しておこう。

〈……水が増して箱船を浮かべたので、箱船は地から高く上がった。／また水がみなぎり、地に増したので、箱船は水のおもてに漂った。／水はまた、ますます地にみなぎり、天の下の高い山々は皆おおわれた。／水は山々の上にみなぎり、十五キュビトの深さで山々をおおった。／地の上に動くすべて肉なるものは、鳥も家畜も獣も、地に群がるすべての這うものも、すべての人もみな滅びた。／すなわち鼻に命の息のあるすべてのもの、陸にいたすべてのものは死んだ。／地のおもてにいたすべての生き物は、人も家畜も、這うものも、空の鳥もみな地から拭い去られて、ただノアと、彼と共に箱船にいたものだけが残った。〉

水は百五十日の間、地上を覆いつくし、七月十七日に箱船はアララトの山の上にとどまったとされている。やがて、水はしだいに減っていき、十月一日には山々の頂きが見えるようになった。

そうして、洪水が一段落したと思われたその日から四十日待って、ノアは「地のおもてから水が引いたかどうかを見ようと」、はじめに烏を、そして次に鳩を放してみたのである。しかし、烏は「あちらこちらへ飛びまわる」ばかりで役に立たず、鳩も「その足の裏をとどめる所が見つからなかったので、箱船のノアのもとに帰ってきた。水がまだ全地のおもてにあったからである」。ノアは「手を伸べて、これを捕らえ、箱船の中の彼のもとに引き入れた」。そして、「それからなお七日待って、ノアは再び鳩を箱船から放った」。

そして、この二度目に鳩を放ったときに、鳩はオリーブの若葉をクチバシにくわえて帰ってきた……。

「ピース」という煙草のパッケージデザインは、このオリーブの若葉をクチバシにくわえて帰ってきた鳩にちなんだものであろう。鳩やオリーブが「平和のシンボル」とされたのは、このノアの箱船から放たれた鳩と、その鳩がくわえてきたオリーブの若葉の話に淵源しているに違いない。

「創世記」第八章十一節には、次のように記されている。

〈鳩は夕方になって彼（ノア――筆者注）のもとに帰ってきた。見ると、そのくちばしには、オリーブの若葉があった。ノアは地から水が引いたのを知った。〉

正確には、ここは「ノアは地から水が引き始めたのを知った」とされなければならないところである。その問題については、後に触れよう。

鳩がオリーブの若葉をくわえてきたのは……

では、どうして……。このノアの箱船におけるオリーブの若葉をくわえて帰ってきた鳩の話が、「平和」を意味するシンボルの淵源と見なされるのか。

筆者は、こう考えるのだ。

鳩がオリーブの若葉をくわえて帰ってきたとき、ノアはおそらくほっとしたに違いない。鳩はどこかで水面から出ている場所を見つけたのだ。そこにはオリーブの樹が生えていて、若葉が芽生えていた……。鳩がくわえてきたオリーブの若葉は、ノアには、水が引いた後の未来において、以前のような穏やかな生活に戻れることを約束してくれる「しるし」（サイン）のように思われただろう。むろん、神がそれを、自分たちに約束してくれているという「しるし」（サイン）としてだ。そうであったとしたならば……。

いや、正確を期すために、先に少し注釈を加えておこう。聖書「創世記」には、鳩は「オリーブの若葉」をくわえて帰ってきたとある。しかし、見てきた「ピース」という煙草のパッケージデザインの鳩は、「オリーブの若葉のついた小枝」をクチバシにくわえたそれである。これから述べようとすることと関わることでもあるので、ちょっと煩わしいかもしれないが我慢していただきたい。

実は、鳩が葉っぱそのものをくわえてくるということはない。

聖書「創世記」の記述は正しくない。

筆者は十数年鳩を飼った経験があるが、そんなことは一度としてなかった。つまり、「ピース」のパッケージデザインの描き方が正解なのである。

たとえば、大洪水を主題とした現存する最も古い画は、ローマのカタコンベ（原始キリスト教の地下墓所）に納められたキリスト教徒の石棺に描かれた二世紀のものだといわれている。画は損傷が激しく、ノアの子であるセムとヤペテの他にこの鳩を描いた部分しか残ってはいないのだが、その鳩はクチバシに「オリーブの若葉」ではなく、「オリーブの若葉のついた小枝」をくわえた姿として描かれているという。

あろうことか、ある聖書の邦訳には、この第八章十一節は次のように訳されていた。

〈鳩は夕方になって、彼（ノア―筆者注）のもとに帰って来た。すると見よ。むしり取ったばかりのオリーブの若葉がそのくちばしにあるではないか。それで、ノアは水が地から引いたのを知った。〉

鳩はそのクチバシで、オリーブの樹から若葉を毟り取ってきたのだとだ。オリーブの樹であると否とにかかわらず、樹からその葉を毟り取るなどということを、鳩がするわけがない。青物が足りず、地面に降りて草や菜っ葉を栄養素として摂取するために、ついばむ（食べる）ことはあるとしてもである。

おそらく、ノアによって放たれた鳩がくわえて帰ってきたのは、「ピース」という煙草のパッケージデザインのように、「オリーブの若葉のついた小枝」であったに違いない。鳩はあるとき、そうして小枝や藁くずといった細長いものをくわえてくることがある。巣作りをするためにである。枯れた細長い葉っぱならいざしらず、生の葉っぱをくわえてくるということなど決してない。

つまり、このとき鳩がくわえてきたのは、何らかの理由でオリーブの樹から落ちたその小枝であったのだろう。そして、その小枝には、若葉がついていた……。

いや、もう少し厳密に述べておこう。

このとき、鳩がくわえてきたのが、なぜ「オリーブの若葉のついた小枝」であったと解釈すべきなのかということについてである。鈴木和生さんも「鳩の豆事典　第17回」（『愛鳩の友』一九七二年十二月号）のなかで書いているが、そう解釈した方が、鳩が「平和の使者」や「平和のシンボル」とされるようになったその淵源の真実に、より迫ることができると思われるからだ。むろん、それは、このとき「ノアはほっとしたに違いない」と述べた筆者の考えの正当性について、さらにバックアップしてくれるはずのものでもある。

つまり、オリーブの若葉のついた小枝であるかどうかは別にして、述べたように小枝をくわえてくるというような行為を鳩がするのは、巣を営もうとするときだ。鳩は、普段はそんなことをしない。これから産卵し、子育てをしようとしているときにだけ、そのための巣作りの材料として、小枝や藁くずといった細長いものをクチバシにくわえてくるという行為をする。むろん、これは鳩に限らず、鳥類には一般的なことだろう。巣を作らないことには、産卵も子育てもできないのだから……。

いうまでもなく、それが洪水であろうとなかろうと、何か自然の驚異にさらされ、不安やおびえといった脅威を感じざるを得ない日常のなかにあって、産卵・子育てをしようとする鳥などはいない。これは、あらゆる動物においても同じであろう。つまり、このノアの鳩が小枝をくわえてきたということが、これから巣を営もうとする行為だとしたならば、これからの日々が産卵・子育てに適した日々であることを示している。つまり、驚異にさらされ、また脅威を感じざるを得ない状況が去ったことを、この鳩の行為は示しているといえる。

それ故、ノアはこのとき、未来に対する希望を抱くことができた……。つまり、ほっとすることができた……。

そうして、小枝をくわえてくるというまさにその行為によって、鳩が未来の穏やかな、平和な日々をノアに暗示することになったが故に、鳩は「平和の使徒」とされ、「平和のシンボル」とされることになったのではないか。

しかし、ではなぜこの物語のなかで、ノアの鳩は任意の樹木の小枝ではなく、オリーブの樹の小枝をくわえてきたのか。いや、くわえてこなければならなかったのか。それも若葉のついた小枝をである。

『広辞苑』を開いてみると、「オリーブ」の項には次のようにある。


〈モクセイ科の常緑小喬木。地中海地方の原産で暖地に生育。葉は対生、深緑、裏面は灰白色、革質。初夏、芳香ある淡緑白花を総状花序に綴る。果実は楕円形の核化で、オリーブ油を採る。枝はヨーロッパでは平和と充実との象徴。わが国では瀬戸内海の小豆島で栽培。オレーフ。古くホルトの樹と称。「橄欖」とするのは誤り、別種である。〉

オリーブは大きくなると十メートルほどの高さになるという。パレスチナ地方では、とても貴重な樹とされている。栽培に長い年月が必要とされ、かつ手入れも大変だからである。つまり、その地への長い定住が可能でなければ、育てられない樹だからである。故に「オリーブの樹がみごとに茂っていれば、その地域は永らく平和だったというしるしとなる。もし外敵の侵入があれば、敵軍は相手国をこの先何年も貧しく弱体にしておくためにオリーブの樹々を伐り倒してしまったはずだから」（アイザック・アジモフ『アジモフ博士の聖書を科学する』）。

ノアによって箱船から放たれた鳩は、そうした安住を約束してくれる地の存在を暗示するためにも、オリーブの若葉のついた小枝をくわえてこなければならなかったのだ。「若葉」はこの場合、未来への「希望」や、また未来における「可能性」を示すための「しるし」（サイン）として解釈し得よう。

かつては、競技の勝利者にオリーブの小枝で作った冠が与えられていた。そして、今日、オリーブが国連の旗のデザインに使われていることは、先にも述べた通りである。

我が国では、鳩が四つ葉のクローバをくわえているという、宝くじのシンボルマークなども流通していた。宝くじが人々に平和と幸運をもたらすという、そんな意味ででもあったのだろうか。宝くじのこのかつてのシンボルマークは、筆者には、「ピース」という煙草のパッケージデザインを盗んだものであるとしか思えないのだが……。

さて、箱船から放たれたノアの鳩は、こうして「オリーブの若葉のついた小枝」をくわえてこなければならなかったのだ。

筆者はここで、もう少しだけそのことについて述べておこう。というのも、鳩がこのときオリーブの若葉のついた小枝をくわえて帰ってきたのは、たまたまそうであったという極めて稀有な例として記憶されるべきことだと思うからである。

筆者は先に、鳩が巣作りの材料にするために「生の葉っぱをくわえてくるということなど決してない」と書いた。つまり、生の葉っぱは身体を冷やすからだ。巣作りの材料には適していない。故に、実は小枝であろうと、若葉のついたそれを、鳩が巣作りに用いるということは本来ないはずなのだ。しかし、このときは洪水ですべてが押し流されてしまった後でもあり、「その足の裏をとどめ」た場所に、巣作りの材料とすべきものが何も見つからなかったのであろう。それで、たまたま落ちていた「若葉のついた小枝」をくわえてきた……。たとえば、そこに若葉のついた小枝と枯れた小枝が落ちていたとしたならば、鳩は間違いなく枯れた小枝をくわえて帰ってきたに違いない。

しかし、ノアの鳩がくわえて帰ってきたのが「オリーブの樹の枯れた小枝」では、絵にならない。「ピース」という煙草のパッケージデザインに、採用されることもなかっただろう。いや、もとより鳩もオリーブも、「平和のシンボル」にはなり得なかっただろう。

筆者は、鳩やオリーブが「平和のシンボル」であるということは、聖書が編纂された時代には、すでに通念として流通していたのではないかと思うのだ。いや、それに近い何かのシンボルとしてでもいい。聖書編纂者たちは信仰を広める上で、その人々の通念をより強化する必要があった。故に、ノアの鳩がオリーブの若葉（のついた小枝）をくわえてきたという話にして、そこに記すことになったのではないか。

むろん、鳩がオリーブの若葉（のついた小枝）をくわえて帰ってきたという聖書に記されたそれと類似する話が、すでに当時の人々の間に流通していたのかもしれない。そうであるならばなおさらに、こうした形での聖書上への定着には、聖書編纂者たちの述べたような意図が働いていたと見るべきであろう。筆者には、そう思えるのである。

さて、聡明な読者諸氏は、すでにこうした筆者の筆の運び方に、いらいらされているかもしれない。何を枝葉末節のことにこだわっているのかとだ。ノアの鳩は、もとよりオリーブの若葉（のついた小枝）をくわえてこられるわけがない。なぜ、それをずばりいわないのかとだ。筆者は、こう書いていたのではなかったか。

〈水は百五十日の間、地上を覆いつくし、七月十七日に箱船はアララトの山の上にとどまったとされている。／やがて、水はしだいに減っていき、十月一日には山々の頂きが見えるようになった。／そうして、洪水が一段落したと思われた日から四十日待って、ノアは「地のおもてから水が引いたかどうかを見ようと」、はじめに烏を、そして次に鳩を放してみたのである。しかし、烏は「あちらこちらへ飛びまわる」ばかりで役に立たず、鳩も「その足の裏をとどめる所が見つからなかったので、箱船のノアのもとに帰ってきた。水がまだ全地のおもてにあったからである」。〉

オリーブの若葉のついた小枝をくわえて帰ってきた鳩が放たれたのが、さらにその七日後のことであったとしても、事情は変わるものではない。

つまり、百五十日間も水（あるいは海水）の下に浸かっていたのなら、草木も皆、確実に枯れ果て、根腐れて、絶えてしまっているはずだ。聖書「創世記」のこの一節からするならば、地面が水面上に現れたのは十月一日のことである。それ以降、たった数十日の間に、地面に草木が再生するわけがない。オリーブの樹も、また然りである。いや、そもそもそうして地のものすべてを滅ぼすことが、神の意思であったのではなかったか。つまり、このとき洪水によって、すべての植物の種《しゅ》もまた消滅してしまったはずである。どうして、再生することが可能なのか。その再生のための種子は、どこからもたらされたのか。

読者諸氏は、当然、そう考えるだろう。しかし、そのことには、目をつむっていただきたいのだ。というのも、当時、聖書を編纂した者たちは、「植物を生き物としてではなく、単に地から生ずるものとして見ていた。だから、ひとたび地が現れれば、たちまち植物は生えてくる、植物は消滅したりはしないのだ」（同上）という認識を所有する者たちであったからだ。

もとより、聖書「創世記」第七章二十一節から二十三節には、「地の上に動くすべて肉なるものは、鳥も家畜も獣も、地に群がるすべての這うものも、すべての人もみな滅びた。／すなわち鼻に命の息のあるすべてのもの、陸にいたすべてのものは死んだ。／地のおもてにいたすべての生き物は、人も家畜も、這うものも、空の鳥もみな地から拭い去られて、ただノアと、彼と共に箱船にいたものだけが残った」と記されているのみである。滅びた生き物のなかに、植物は数えられてはいない。つまり、生き物としては認知されていなかったのである。

いや、聖書編纂者たちばかりではない。当時の人々は、といった方がいいだろう。観察する限り、植物は動物のように移動したりはしない。また、息もせず、血も持っていないようだ。当時の人々はそれ故、植物を生き物として認知し得ないままでいたのだろう。

むろん、「実際には、植物も呼吸している。ただそれが動物ほど目立たないだけのことだ。また、たとえ血液は持っていなくとも、循環液は持っていて、それが血液の機能に似た非常に重要な機能を果たしている」（同上）ことはいうまでもない。

日本では鳩は「武神の使い」だった

さて、見てきたように、鳩は「自己を規制する本能的な機能」を持ちあわせてはいない。故に、「同類に対して情け容赦のないところがある」ように見える、そうした鳥なのだ。

にもかかわらず、こうしてオリーブとともに「平和のシンボル」とされることになったのは、この聖書「創世記」のノアの箱船の話による。つまり、それはユダヤ教やキリスト教の文化圏における話なのだ。つまり、旧約聖書文化圏におけるところのである。

この「旧約聖書文化圏」については、またこういっていい。それは、チグリス・ユーフラテス川流域に栄えたメソポタミア文明の影響を受けた文化圏のことだと。

一方、日本では、鳩は「武神の使い」としてあった。戦いの神の使いとしてである。

「天照大神、猿を使とし給ひし事あり、春日神は鹿を使ひ給ひ、石清水八幡神は鳩を使ひ給ひ、諏訪の神は蛇を使ひ給ひ、稲荷山の神は狐を使ひ給ひ、熊野の神は鴉を使ひ給ひ……」（『傍廂《かたひさし》』前編）。つまり、鳩は武家から弓矢の神、武神として尊崇された八幡大菩薩の神使とされる鳥だったのである。黒岩比佐子さんの『伝書鳩　もう一つのIT』にも書かれているが、出陣に際して勝利の瑞鳥とされていた。出陣に際して勝利を祈願し、かつ士気を鼓舞するために、鳩を放つというようなこと（放鳥）もされていたらしい。

西欧では「平和のシンボル」であり、日本では「武神の使い」としてある。この文化の違いはおもしろい。黒岩さんの著作から引用しておこう。

〈『陸奥話記』『源平盛衰記』『太平記』などに記述があるように、鳩は、軍神・八幡神の使いと見なされていた。八幡神は、清和源氏が氏神としてまつるようになり、武家が政治上の実権を掌握するにつれて、全国の武士の信仰を集めるようになった。／これには、次のような伝承がある。一一八〇（治承四）年、源頼朝が石橋山の合戦に敗れて大樹の洞に隠れた時、敵方の梶原景時と熊谷直実の計らいで洞穴をホヤ（ヤドリ木）でふさいでごまかした。頼朝を探しに来た平家軍は、その空洞から二羽の鳩が飛び立ったのを見て、人間がいるはずはないと思って立ち去った。以来、頼朝の危急を救った鳩は、八幡大菩薩の化身として信仰されるようになった。／この話は後世の創作らしいが、この時の功によって熊谷直実は頼朝から「鳩に寓生《ほや》」の紋を下賜され、以後は頼朝に仕えることになったと言い伝えられている。……一方、武田信玄についてはこんな話が伝わっている。信玄が信州に出陣する際、一羽の鳩が庭の木に飛んで降りた。それを見た家臣たちは、八幡神の使いである鳩が来れば我が軍の勝利は間違いなし、と喜んだが、信玄はあえてその鳩を銃で撃ち落としてしまった。それは、以後、出陣に際して鳩が来なければ一同が気弱になるに違いない、という配慮からだったという。〉

この武田信玄の話も、頼朝の話と同じく後世の創作であろう。信玄の射撃の腕がどの程度のものであったかは分からないが、当時の火縄銃で、そうそう小さな的である鳩に当たるとも思えない。散弾銃ではないのである。仮に、そうした場面が実際にあったのだとしても、単に発砲の音に驚いて鳩は飛び去ってしまったというのが本当のところだろう。信玄が撃ったのだから、「撃ち落とし」たということにしなくては格好がつかないと、後世の創作者は考えたのかもしれない。

ちなみに、この源頼朝の話の洞から飛び立ったとされる二羽の鳩も、武田信玄の話における銃によって撃ち落とされたとされる鳩も、それがいわゆる鳩（イエバト）であるのかどうかは分からない。後世の創作者が、それを鳩（イエバト）のつもりで記したのかどうかはである。在来種である山鳩（ヤマバト）のつもりで、それを記した可能性の方が大きいのではないかと筆者には思われる。大樹の洞の中にいたり、庭の木に降りてきたりというのは、いわゆる鳩（イエバト）のそれではなく、山鳩（ヤマバト）の習性を想起させるものだからである。

いや、前者「源頼朝の話の洞から飛び立ったとされる二羽の鳩」については、山鳩（ヤマバト）である。『源平盛衰記』には、そう書かれている。なお、頼朝が身を隠していたのは「大樹の洞」ではなく、『源平盛衰記』では臥木《ふしき》の空洞とされている。その部分を引用しておこう。

〈大場（景親《かげちか》―筆者補足）さすがに不入《いらざり》けるが、猶も心にかかりて弓を差入《さしいり》て打振りつつ、からりからりと二三度さぐり廻ければ、佐殿《すけどの》（源頼朝―筆者注）の鎧の袖にぞ当りける、深く八幡大菩薩を祈念し給ひける験にや、臥木の中より山鳩二羽飛出て、はたはたと羽打して出たりけるにこそ佐殿内におはせんには鳩有るまじとは思はざれ共不審なりければ、斧鉞《おの》を取寄て切て見んと云けるに、さしも晴れたる大空俄に黒雲引覆、雷おびただしく鳴り廻て、大雨頻に降ければ、雨やみて後破て見べしとて杉山を引返ける。〉

さて、こうして鳩は日本では「武神の使い」、あるいはその「化身」とも見られていたわけだが、むろんそのことと、この稿の初めに述べたように鳩には「自己を規制する本能的な機能」がなく、それ故「同類に対して情け容赦のないところがある」ように見える鳥だということとは、何の関係もない。つまり、鳩が「平和」という言葉とは似つかわしくない鳥だということとはである。

故に、筆者はここで、鳩を「平和の使者」とか「平和のシンボル」のように扱う西洋人よりも、「武神の使い」やその「化身」とした日本人の方が正しかったのだとか、あるいは鳩についてよく知っていた民族だなどといおうとしているのではない。誤解のないようにお願いしたい。

もとより、当時の日本人に、そうした鳩の習性が知られているとは思えないからである。一度喧嘩を始めたら相手が死ぬまで、いや相手が死んでも、攻撃の手をゆるめることはないというような習性が知られているとはである。

野生に存在する在来種である山鳩（ヤマバト）などは別として、外来種である鳩（イエバト）が仮に野生化していたとしても、そうそう日本国内で繁殖していたとは思えない。むろん、当時、鳩（イエバト）を飼育している者など、皆無に等しかったであろう。つまり、習性を観察する術自体がなかったように思われる。それ故にである。

ところで、筆者は今、鳩（イエバト）は外来種であると述べた。では、鳩（イエバト）は、いつ日本にやってきたのか。

黒岩比佐子さんの『伝書鳩　もう一つのＩＴ』のなかに、次のように書かれている。

〈一説によると、西暦三九一年に倭軍が朝鮮半島に出兵して百済・新羅と戦った際、初めて鳩が大陸から伝来した。この時はまだ伝書鳩としてではなく、愛玩用として飼育されたらしい。中国ではすでにシルクロードを通じて東西文化の交流が盛んに行われていたので、早い時期に中東諸国から訓練された伝書鳩も入っていたようだ。鳩通信が行われていたという記録も見られる。そのため、この四世紀末頃に、他の大陸文化と共に伝書鳩が日本に伝わっていたとしても不思議ではない。ちなみに、乗馬の風習が中国から伝わったのも、この頃だと推定されている。〉

黒岩さんはここで、中国にはシルクロードを通じて「中東諸国から訓練された伝書鳩も入っていたようだ」と書いているが、はたしてそれを「伝書鳩」といっていいものかどうか、筆者には疑問である。そうして中国で「鳩通信が行われていた」としても、そのことをもって「訓練された伝書鳩も入っていたようだ」ということはできないからだ。確かに鳩（イエバト）は、中国には入ってきていたのだろう。しかし、それはいわゆる鳩（イエバト）であって、あえて「伝書鳩」といって区別しなければならないものが、そのなかに存在していたのかどうか。筆者にはそのいわゆる鳩（イエバト）が、ある場合には通信用として使われ、ある場合には愛玩用として、またある場合には食用として使われたということであったのではないかと思うのだ。

いや、そもそも「訓練された伝書鳩」という言い方自体がおかしい。どんな鳩であろうと、通信用に使われたとしたならば、それは「伝書鳩」なのである。そのための訓練が施されていようと、否とにかかわらずである。

むろん、伝書鳩として使うことを意識して、確実に、かつ少しでも早く帰ってくるように訓練を施すことは、当時という時代といえどもあったのかもしれない。しかし、そうして「訓練された伝書鳩」を中東諸国から輸入したとしても、その輸入した鳩がそのまま、中国で伝書鳩として使えるわけではない。その鳩をそのまま使おうとしても失踪してしまうだけだ。その鳩を鳩舎（鳩小屋）に収容して、その鳩を種鳩として仔をとる。そして、その鳩舎（鳩小屋）で生まれた仔を伝書鳩として使うわけである。

つまり、この「中東諸国から訓練された伝書鳩も入っていたようだ」という部分は、たとえば「中東諸国から伝書鳩としての能力の優れた鳩も、種鳩として入ってきていたようだ」とでも、書き改められるべきだろう。

むろん、筆者は述べたように、当時の中国においては、いや中東諸国においても、通信用、愛玩用、食用の厳然とした区別など、存在していたと思ってはいないのだが……。

黒岩さんは同著において、さらに次のように筆を進めている。

〈「鳩」という言葉は、七一二（和銅五）年に編まれた日本最古の『古事記』と七二〇（養老四）年の『日本書紀』に、軽太子《かるのみこ》と軽大郎女《かるのおおいらつめ》が捕らえられた時に軽太子が詠んだ歌の中に見られる。また、『日本書紀』に続いて七九七（延暦十六）年に編まれた『続日本紀《しょくにほんぎ》』には「献白鳩」という記述が数カ所あり、当時、白色の鳩が日本でも珍重されていたことを思わせる。／平安時代には、中国と同様にイエバト（鴿）とヤマバト（鳩）の区別がきちんとされていたらしく、『源氏物語』の「夕顔」の巻には「竹の中に家ばとゝいふ鳥のふつゝかになくをきゝ給て」という一節がある。ここでのイエバトは大陸から伝わった伝書鳩のことで、ヤマバトはキジバトやアオバトなど昔から日本に棲息していた鳩を指している。／室町時代になると「たうばと」（塔鳩）の名が現れるが、これはイエバトの異名で、寺院の塔に棲むことに由来するらしい。これが安土桃山時代には「だうばと」（堂鳩）と呼ばれるようになった。〉

軽太子が詠んだ歌は、「天飛《あまだむ》　軽嬢子《かるのおとめ》　泣《いたなかば》　人《ひと》　知《しりぬべし》　波佐山《はさのやま》　鳩下泣泣《はとのしたなきになく》」というものだ。この「鳩」は、山鳩（ヤマバト）のことであろう。『続日本紀』におけるそれも、山鳩（ヤマバト）の白色化したもの、いわゆる「白子鳩」のことであろう。

　また、源氏物語の「夕顔」の巻の一節について述べたところで、黒岩さんは、「ここでのイエバトは大陸から伝わった伝書鳩のこと」だと述べている。しかし、筆者が先に述べたように、いわゆる鳩（イエバト）と伝書鳩の区別は、当時、存在していなかったであろう。つまり、大陸から日本に伝わったのが「伝書鳩」であるという黒岩さんの言い方はおかしい。

　また、こうした問題もある。この「夕顔」の巻に記された一節を見ると、鳩は竹林のなかで鳴いているのである。その鳴き声だけで、作中人物が「イエバト」と分かったように記されている。故に、日本でも「中国と同様にイエバト（鴿）とヤマバト（鳩）の区別がきちんとされていたらしく」と、黒岩さんは述べたのであろう。しかし、それが、いわゆる鳩（イエバト）であるのかどうかについては、疑問符を付けなければならないのではないか。

たとえば、家の庭などに下りてきて、餌をまいておいたりするとそれをついばんだりする山鳩（ヤマバト）を、「鴿」の文字をあてて区別して呼んでいたということも考えられよう。いや、源氏物語の「夕顔」の巻において、その一節に仮に「鴿」の文字があてられていたのだとしても、それを「イエバト」と訳すこと自体が早計なのではないか。もとより、竹林のなかで「ふつ、かになく」というような習性は、山鳩（ヤマバト）のそれでこそあろう。その習性はいわゆる鳩（イエバト）のそれではない。

ちなみに、中国や台湾では現在も、飼育されている鳩には「鴿」の文字を、野生の日本でいうヤマバトの類には「鳩」の文字をあてている。台湾では伝書鳩は「信鴿」、レース鳩は「賽鴿」である。

筆者は別に、古事記・日本書紀の時代、あるいは源氏物語の時代に、すでに大陸から日本に鳩（イエバト）が入ってきていたという黒岩さんの意見を、否定したいわけではない。ただ、もう少し厳密な検証が必要ではないかと思うのだ。

たとえば、すでに平安時代末期の頃には、社寺に鳩を飼い、あるいは餌を与えて自然に増えるにまかせておく放し飼いが行なわれていたという。それらの鳩は家鳩（イエバト）であり、それらの鳩が黒岩さんがいうように「室町時代になると『たうばと』（塔鳩）の名」で呼ばれ、「安土桃山時代には『だうばと』（堂鳩）と呼ばれるようになった」のだと考えている人も多い。また、先に筆者は、鳩が戦における「勝利の瑞鳥」とされていたと書いた。武将たちによって「出陣に際して勝利を祈願し、士気を鼓舞するために、鳩を放つというようなこと（放鳥）もされていたらしい」とである。その鳩についても、家鳩（イエバト）であろうと考えている人が多いようだ。

しかし、この平安時代以降の時代においても、一概にそうはいえないように思うのだ。「たうばと」（塔鳩）は、「寺院の塔に棲む」が故にそう呼ばれるようになったらしいと黒岩さんはいう。この「たうばと」（塔鳩）の塔に巣を作るという習性が、山鳩（ヤマバト）のそれではなく、家鳩（イエバト）のそれだとしてもである。

黒岩さんの同著から、もう少し続けて引用しておこう。

筆者がこれまで引用してきたような同著における論述を、黒岩さんは自身で総括するように、「こうした鳩に関する言い伝えはいろいろあるが、鳩を通信に使ったという伝承は日本ではなかなか現われない」と述べている。そして、さらにこう続けているのだ。

〈鳩の帰巣性を利用することについては、『明月記』の一二〇八（承元二）年九月二十八日の条に、「伝え聞く。常奥介朝俊、松明を取り門に昇り鳩を取る。帰去の間件の火此の災を成す。近年天子、上皇皆鳩を好ませ給ふ。長房卿、保教等、本より鳩を養ひ、時を得て而して馳走す」とある。この「鳩の馳走」は現在の「御馳走」の意味ではなく「駆け走る」ことなので、鳩を離れた所から放して、戻ってくる速さを競ったものだと思われる。〉

「馳走」が「駆け走る」の意であったとしても、だからといって「鳩を離れた所から放して、戻ってくる速さを競ったものだ」と、なぜいえるのか。筆者には理解できない。単に「放してみて、そうして空を舞う（駆け走る）鳩の姿を見て楽しんだ」というほどの意味ではないのか。あるいは、これは長房卿、保教等が、ときに何かを祈願して、それらの鳩を放鳥したということを示す記述なのではないか。

筆者は、こう考えたのだ。「長房卿、保教等、本より鳩を養ひ」とあるが、それを飼育していたという意にとるべきか、単に野生のものに餌を撒いてやっていたとの意にとるべきかは微妙であろう。いや、どちらの意にとるにしても、それが家鳩（イエバト）であったか、山鳩（ヤマバト）であったかを特定することはできないだろう。仮に飼育していたとの意であったとしても、黒岩さんのようにそれを家鳩（イエバト）だと特定することはできないはずだ。先に黒岩さんは「続日本紀」には「献二白鳩一」の文字があると述べていたが、そうした山鳩（ヤマバト）の白色化したもの、つまり白子鳩であったとも考えられよう。天子、上皇が飼っている鳩だとしたなら、むしろその可能性の方が高いと思われる。天子、上皇が何か祈願したいことのあるときは、その白子鳩を放鳥した……。

つまり、それを家鳩（イエバト）であったと特定することはできない。「常奥介朝俊、松明を取り門に昇り鳩を取る」という記述の鳩が、そのどちらであるかはペンディングにするとしてもである。

仮に黒岩さんがいうように、ここでの記述が、「鳩を離れた所から放して、戻ってくる速さを競った」ことを意味するのであるとしたら、つまり当時の人々のなかに鳩の帰巣本能についてそうして理解していた人がいたのだとしたら、以降の時代において、鳩が通信に使われていて然るべきであろう。特に戦国時代の合戦の折りなどには、ずいぶんと活躍することになったのではないか。しかし、そうしたことを示す記録はもとより、たとえば武将たちが城に鳩舎（鳩小屋）を構えて鳩を飼育していたなどという記録も存在しない。そのことから考えてみてもである。

黒岩さんも、「日本で伝書鳩を使った通信のことが初めて文献に登場するのは、江戸時代後期の一七八三（天明三）年三月四日付の『大坂町奉行触書』である」と、それまでそうした記録が皆無であることを認めている。

〈相模屋又市という大坂の米商人が、抜き商いと称して、堂島の米相場の高下を紙に書いて鳩の脚に括り付けて知らせたり、身振りなどで合図して利益を上げた。そのため、幕府に不埒なこととして捕縛されたという。『大阪市史　第一巻』（大阪市役所・一九一四）にもそれに関する記述がある。／鎖国時代、大坂や堺の商人は、長崎の出島に唯一商館を開いていたオランダ人と取引を行っていた。相模屋又市が使った伝書鳩も、出島のオランダ人が本国から連れて来たものだと思われる。伝書鳩が商売に活用できると知った相模屋又市は、オランダ人からその鳩を買い取ってひと儲けしようとしたのだろう。〉

黒岩さんは、相模屋又市がひと儲けしようとして、「オランダ人から、その鳩を買い取っ」たのであろうと述べている。つまり、そうしてオランダ人から鳩を買い取ったのは、その帰巣本能を利用して、「抜き商い」ができるということを意識していたが故のことであろうとだ。むろん、相模屋が直接オランダ人から買い取ったものか、あるいはそうしてオランダ人から買い取った誰かが今でいうブリーディングをしていて、その人から鳩を購入したのかは分からない。いや、相模屋が土鳩（ドバト）を飼い慣らして、伝書鳩として使っていた可能性だってある。その辺のところは分からない。

しかし、これが日本における、鳩の帰巣本能を通信に利用した最初の記録であることは間違いない。

ついでにいっておくならば、仮に黒岩さんがいうように、相模屋の鳩がそうしてオランダ人によってもたらされたものだとしても、彼らがその鳩を「本国から連れて来た」ということはできない。オランダ船は中国の南京を経由して、長崎・出島を訪れている。彼らによってもたらされた鳩は、その南京で仕入れられた中国の鳩であったと思われるからだ。何も生き物を、わざわざ遠い本国から運んでくる必要などない。彼らは商人なのである。各寄港地で商売をしながら、その度毎に積荷を入れ換え、一番遠い地である日本を目指したはずだ。まして鳩は生き物である。近くで仕入れられるなら、そうした方がいい。彼らもまた、当然、そう考えたであろうから……。

以降の時代においては、たとえば一八〇六年（文化三年）の『本草綱目啓蒙』に、「鴿は主人の家を能覚へ居者ゆゑ遠方に行といへとも放つときは必其家に還る」という記述がある。また、一八二六年（文政九年）の『中陵漫録』には、「余が知己某は、麻布に在りて多く鴿を養ふ。人、時々来て是を求め、去て目黒の不動及此辺の新寺と云に携至て是を放つ。其日の暮には飛帰る。或亦、浅草観音の塔に納む。其夕に帰る」という記述が見られる。この前者『本草綱目啓蒙』の記述も、寺院に詣でたおりの放鳥に鳩が使われていたことを記す後者『中陵漫録』の記述も、明らかに当時の人々が鳩の帰巣性について知っており、かつそれを利用していたということを示すものである。すでにこの時代には、そうして人々の間に、鳩の帰巣性についての理解が広まっていたということだろう。

この『本草綱目啓蒙』と『中陵漫録』の記述にある鳩は、おそらく土鳩（ドバト）を飼い慣らし、繁殖させたものであろう。

筆者は、帰巣性を意識して日本で鳩の飼育が始められたのは、いくら早くても南蛮貿易が始まった室町時代末期以降のことではないかと思うのだ。その飼育法をも含めて、帰巣本能を生かして通信に利用できるという触れ込みのもとに、鳩が日本に入ってきたのはである。鳩（伝書鳩）はオランダ船によって、おそらく南京からもたらされた。そうして、それ以降何度となく、鳩（伝書鳩）は日本に持ち込まれたに違いない。

しかし、鳩の帰巣性について理解するのは、日本人にはいまだ難しかったのであろう。日本人が鳩の帰巣性を理解し、通信に利用したことが文献に登場するのは、先の『大坂町奉行触書』まで待たなければならない。そのことが、この間の事情をすべて物語っているように思える。

もう一つ紹介しておこう。日本伝書鳩協会の会長を務められた小野内泰治さんが、「日本鳩界の歴史」（『愛鳩の友』一九七四年九月号）というエッセイを書いている。氏はそのなかで、武知彦栄さんの『伝書鳩の研究』（一九二二年十一月十五日初版）のなかに、この時代のことについて言及した部分があるという。小野内さんのエッセイから、その部分を引用しておこう。なお、筆者は武知彦栄さんの『伝書鳩の研究』（一九二六年十一月二十日発行四版）を見たが、この一節について見つけることはできなかった。筆者の見たものは切りとられているページが何ヶ所かあったので断言することはできないが、引用文献名を、あるいは小野内さんが間違えたのかもしれない。武知さんには『趣味と実用　鴿《いへばと》の飼い方』（内外出版）という本もある。あるいは、そちらからの引用であるのかもしれない。ちょっと、付記しておく。

その一節は、文政年間（一八一八年〜一八三〇年）に大阪の豪商播磨屋が大阪城代の暗黙の了解のもとに、鳩を通信に使っていたということを述べたものだ。播磨屋の子孫が大阪好鳩会の会員にいて、昭和初期まで鳩を飼い続けていた。その人の家に、祖父、曾祖父の時代から鳩を通信に利用していたという文章が、残されていたということである。

〈民間における伝書鳩飼育の歴史は、なんら記録の証すべくものもなく、ただ伝うる所によれば、文政の頃大阪商人播磨屋喜平は、一八〇〇石積みの廻船神護丸で毎年北海道方面へ一航海、江戸へ二航海し諸国物産の交易をおこなっていたが、勝機をつかむに敏なる彼は、船が名古屋又は四日市に寄港すればただちに、飛脚を立てて大阪に連絡せしめ、いよいよ大防に近づき、船が泉州佐野の沖合いにかかれば（約四〇〜五〇粁）かねて準備してある伝書鳩を籠に入れ、速船を仕立て沖合いにて廻船に配給し、積荷の種類、数量、相場など必要事項を記入せしめたる通信文を鳩の脚に結び、航海中の船よりはなして大阪の本店に報告させたのであった。かくして大略七時間後に、船があじ川尻の船着場に入港せる頃には、すでに数時間前に帰着せる伝書鳩の結びたる通信文にもとづき、江戸、松前の相場、奥羽地方の情況などをにらみ合わせた対策が出来上っており、さあ船が入港したという時には、大防には何がきれているとか相場はいくらかなど、一切の手はずがととのい、したがって利潤も人一倍大きく、取引も活発であった。／当時伝書鳩を使うことはかたく禁止されていた。それを堺や兵庫の商人が鳩通信で大阪堂島の米相場に利用し、巨利をはくし米市場の大混乱を招致した歴史があるので、万事ことなかれ主義の官憲は鳩を使用することを厳重にとりしまっていたのであったが、播磨屋主人は学識ある紳士として大阪城代の知遇を受くること篤く、単に自己所有の廻船との間の通信に使用するにすぎないことを申し述べ特別のご詮議により、鳩使用を許可されていたのであった。／しかるにその後嘉永年間、堺の商人またもや鳩通信を相場に利用し、巨利を得たること発覚し、今度は全国的に鳩使用禁止の令がしかれ、播磨屋の鳩使用もその飛沫を受けて、さしとめの厳命にせられたが、まもなく官憲の了解をえて、廻船よりする鳩通信をみたのであった。／その頃兵庫港の淡路屋善佐衛門も所有する数隻の廻船に鳩を利用し、西は長崎に到る廻船の出入港に鳩通信を利用していちぢるしく効果を上げ、巨万の富を積むのであった。〉

以降、鳩を通信に使用することが、こうして幕府の禁止令が敷かれたなかで、細々とではあるが明治の治世になるまで続くことになる。

つまり、この時代こそが、日本における伝書鳩の黎明期であったと考えられる。

「平和記念」切手のおかしなデザイン

筆者はここで、こう問うてみたい。

それでは、その鳩やオリーブが「平和のシンボル」であるということは、いったいいつ日本に伝わったのかとである。

むろん、それはいくら溯ったとしても、日本にキリスト教が伝わる以前のことではあり得ない。つまり、天文十八年（一五四九年）八月十五日、ジェスイット教団のザビエルがヤジロウという日本人を連れて、鹿児島にやってきて以降であることは間違いない。最初にそれを伝えたのは、そうして日本でのキリスト教布教活動に従事した宣教師の人たちであったのではないか。帰巣本能を生かして通信に利用できるという触れ込みのもとに、鳩（伝書鳩）が日本に入ってきたのは南蛮貿易の時代が始まってからのことであろうと、筆者は述べておいた。鳩やオリーブが「平和のシンボル」だということは、その鳩（伝書鳩）の伝来とパラレルな形で、日本に伝わったのだと考えていいだろう。

ところで、見てきたように鳩が帰巣性を持つ鳥であるということについては、すでに江戸時代後期ともなると、日本人には知られていた。それでは、その鳩（伝書鳩）の伝来とパラレルな形で伝わったと考えられる、この鳩（やオリーブ）が「平和のシンボル」であるということについてはどうか。たとえば、同じように江戸時代後期において、広く日本人の知るところとなっていたのだろうか。否である。文献はもとより、その徴候を、その時代の内に見つけることはできない。

徳川家光がキリスト教を禁教とし、鎖国令を発するとともにその布教活動に弾圧を加えたこともあって、江戸時代の日本においてはキリスト教が広く流布することはあり得なかった。その故でもあろう。鳩（やオリーブ）が「平和のシンボル」であるとの今日においてはすでに通念と化したそれが、日本国内において知られるようになるのは、さらに時代を下らなければならない。

つまり、鎖国令が解かれ、江戸幕府が崩壊し、明治の治世となるまでである。そうして、キリスト教の禁が解かれて以降、宣教師たちが日本で活発に布教のための活動をし始めて以降の時代までである。

では、鳩（やオリーブ）が「平和のシンボル」であるとのキリスト教的通念が、日本に定着したのはいつのことであったのか。

その通念が日本人に受け入れられていく過程は、布教活動やその過程で配布されることになる聖書の普及と、パラレルなものとしてあったと筆者には思われる。

その通念の定着の過程について、切手のデザインを例にして、ここで見ておくことにしよう。

たとえば、明治三十八年（一九〇五年）七月一日に「日韓通信業務合同」を記念して発行された記念切手には、鳩がそのデザインの一部に使われている。

記念切手は、明治二十七年（一八九四年）三月七日に発行された「明治天皇大婚二十五年祝典記念」の切手が最初であり、この「日韓通信業務合同記念」の切手はそれから数えて四番目にあたるものだ。記念切手が発行されるのは、「わが国歴史上の重要な記念事項、すなわち国家的あるいは全国民にわたる重要記念事項が生じ、しかも式典・祝賀その他相当の催物が国家的大規模に行なわれる場合」である。国家レベルにおいて、筆者の知る限り鳩が何かのデザインのうちに使われたのは、この記念切手が最初である。

全体が紅色、上部に「日韓通信業務合同記念」の文字を、その下に「参銭」の額面を中央に円で囲んで置き、その周囲に、左側には日本の皇室の紋である菊を、右側には韓国の皇室の紋である桜を、上下に一羽ずつ飛ぶ鳩の姿が配されている。

しかし、この切手のデザインに使われた鳩の図柄が意味するのは、むろん「平和」ではなく「通信」である。

明治三十八年は、日本と帝政ロシアが東亜の覇権を争った日露戦争の真っ最中だ。旅順攻囲、奉天会戦、日本海海戦と続く年ではなかったろうか。この年には逓信省から、四次に渡って十二種計三十九枚の「日露戦役」を伝える絵はがきも発行されている。そのなかに、戦況を知らせる何枚かの写真とともに二羽の鳩の舞う姿が描かれたものがある。この鳩の図柄の意味するところも、むろん「通信」であろう。この二羽の鳩は、軍隊で通信用に使われていた軍用鳩をデザインしたものなのであろう。陸軍は明治二十年（一八八七年）から、海軍も明治二十六年（一八九三年）から鳩を飼い、実際に通信に利用していたからである。

切手において、鳩が「平和」を意味するものとして使われたのは、大正十一年（一九一九年）七月一日に発行された第一次世界大戦終了の「平和記念」切手を待たなければならない。

第一次世界大戦は、セルビア青年によるオーストリア皇太子暗殺に端を発し、一九一四年七月にオーストリアとセルビアが開戦したことに始まる。そして、オーストリアに味方するドイツ、トルコ、ブルガリアの同盟軍と、セルビアに味方するイギリス、フランス、ロシア、イタリア、ベルギー、ルーマニア、アメリカ、中国、そして日本など連合軍との間の戦争へと発展してしまった。一九一八年十一月に休戦、翌一九一九年六月のベルサイユ条約などによって講和が成立した。この切手は、その戦争終結を記念したものである。

平和の象徴としての鳩（孔雀鳩）を中央に置いて周囲にオリーブの葉を、鳩の頭上に菊の紋と下に壱銭五厘の額面を配した茶褐色の切手と、同デザインの四銭の赤色の切手、オリーブの枝の先にとまる羽を広げた鳩とその頭上に「平和記念」の文字と菊の紋、「日本郵便」の文字、鳩の下に大正八年の年号を入れ、「3SN参銭」の額面を配したオリーブ色の切手と、同デザインの濃青色の十銭切手の四種が発行された。

一九一九年（大正八）発行の十銭切手。濃青色。

鳩がオリーブの枝の先のような不安定な場所にとまるわけがない。いや、もとより枝の先が鳩の体重を支えられるわけがない……。後者の切手のデザインについては、そんなふうに茶々を入れたくもなるが、そのことには目

をつむろう。なにしろ、前者は日本画壇の大家・結城素明が描いたものであり、後者のおかしな絵も洋画壇の大家・岡田三郎助が描いたものだからである。共に当時の画壇最高峰の人の手になるもので、日本で最初の名画切手との誉れ高いものだからである。

　同じ日に、逓信省から二枚組の、「平和記念」の絵はがきも発行されている。そのうちの一枚は、「少年少女と鳩」と題されたものだ。あどけない学生服姿の少年と振り袖の着物姿の髪の長い少女が向かいあい、その少女が掌に優しく包んだ鳩を少年に見せているかのように見える。そして、その周りに六羽の鳩が配されている。そうしたデザインの絵はがきである。

　戦前においては、鳩（とオリーブ）が「平和」を意味するものとして使われたのは、この第一次世界大戦終結を記念して発行された四種の切手と、この絵はがきにつきるといっていい。

むろん、その後も、デザインに鳩やオリーブを配した切手が存在しないわけではない。

①大正十年（一九二一年）に発行された「郵便創始五十年」を記念した四種類の切手のうちの三銭と十銭の切手や、②昭和二年（一九二七年）六月に「万国郵便連合加盟五十年」を記念して発行された切手のうちの六銭と十銭の切手、③昭和十一年（一九三六年）九月に発行された「関東局始政三十周年記念」の一銭五厘と十銭の切手である。

①と②の鳩は、「通信」を象徴するものとして、オリーブは何の意味もなく配されているに過

ぎない。鳩と来たらオリーブだという連想のもとに、デザインのうちに採用されたとしか思えない。いや、②の中央の楕円のなかに世界地図と封筒をクチバシにくわえた鳩が上空より降りてくる姿を配し、周りをオリーブで囲った切手のデザインには、しいていうならば世界が平和であってこそ国際郵便業務は可能なのだというメッセージを、あわせて読むことができるかもしれないが……。

③の濃紫色の一銭五厘の切手のデザインについても、述べておこう。この切手には、朝鮮や関東州（明治三十八年の日露講和条約により日本の支配下に入った遼東半島南端の日本の租借地）、満州の略図の描かれた地球の上に正面に向かって飛んでくる鳩の姿が描かれ、その背後から旭光が放射している、そうした図柄の左右にオリーブが配されているというものだ。このデザインのうちにこめられたメッセージとは、日本の侵略を受け入れ続けることが朝鮮や関東州、満州の人々にとっては平和を保障される唯一の途であるというものであろう。つまり、「平和のシンボル」である鳩とオリーブが、戦争と侵略を合理化するものへと、意味を百八十度変容されたものとして使用されているのだ。

うがった見方だと思われるかもしれないが、そう読んで間違いないだろう。というのも、この切手は朝鮮や関東州、満州を管内とする関東局より発行され、その管内の局だけで売られたものだという。意図は見え見えだ。

ちなみに、日本の貨幣や紙幣では、戦前までに鳩やオリーブがデザインされたものは存在しない。

戦前においては、切手のように何かを記念して、貨幣や紙幣が発行されるということが皆無であったということもあろう。今日では、やたらと記念貨幣が発行される（記念紙幣というのは現在でも存在しない）が、戦前において通貨はそうしたものとしては考えられていなかったのだろう。

鳩がデザインのうちに使われるようになるのは、戦後のことだ。終戦の年の十二月から製造が開始された直径十七ミリしかない小さな五銭錫貨に、空に舞い上がっていこうとする鳩が描かれたのが最初である。そして、昭和二十二年には「鳩十銭」と呼ばれる、空を舞う二羽の鳩を配した十銭紙幣が、昭和二十三年には表に国会議事堂を、裏には鳩（孔雀鳩）と梅花を配した「無孔五円黄銅貨」が発行されている。

それらは皆、戦争が終わり民主主義国家へと一歩を踏み出して以降、つまりアメリカによって日本が統治されるようになって以降のものである。

さて、こうして鳩は戦後になって貨幣や紙幣のデザインのうちに使われることになったが、オリーブがそのデザインのうちに使われたものについて、筆者はなかなか見つけることができなかった。一九六四年の東京オリンピックの際に、千円銀貨と百円銀貨の記念貨幣が発行されたが、その百円銀貨の表の額面を記した「１００」の文字の上の「ＴＯＫＹＯ」と「１９６４」の文字の間に何やら小さく葉をつけた小枝らしきものが配置されている。あるいは、これはオリーブの小枝をデザインしたものなのかもしれない。筆者には、それしか見つけることができなかった。

ちなみに、この百円銀貨のデザインは公募によるものである。有効応募点数三万五百十二点。プロの作品も多数混じるなか、栄冠を勝ち得たのは、神戸市の前島昌子さんという二十歳のお嬢さんであった。賞金は五十万円であったという。現在の貨幣価値になおしたら、六百万円から七百万円といったところであろうか。

ところで、戦前の貨幣や紙幣のデザインに使われていた動物はといえば、龍、鳳凰、八咫烏や烏、金鵄である。これらの動物につきるといっていい。

ここで細かくはいわないが、デザインに採用された龍は、おそらく天皇になぞらえられたものであろう。鳳凰は、『詩経』などに君子の徳を讃えるために鳳凰が飛翔し、鳴くとうたわれている。おそらく、天皇の素晴らしさを強調するために、デザインのうちに採用されたものといっていいだろう。

八咫烏は、今日では日本サッカー協会のシンボルマークに使われているので、若者とて知らぬものはいない。しかし、八咫烏が、神武天皇東征の折り、熊野より大和に入る険路の先導をしたといわれる、三本の足を持つ烏であるということを知る若者は少ない。ましてや、戦前において神国日本を象徴するものとして、こうして貨幣や紙幣のデザインのうちに使われていたのだということを知るものはである。

金鵄もまた、同じ脈絡において使用されたシンボルである。金鵄とは、長髄彦征伐の折り、神武天皇の持つ弓弭《ゆはず》にとまったというあの黄金の鳶のことであるからだ。

さて、こうして見てくると、鳩（とオリーブ）が「平和」を意味するものとして、今日のように日本国民の間に通念として定着するようになったのは、戦後のことであるといっていいだろう。大正十一年（一九一九年）七月に発行された第一次世界大戦終了の「平和記念」切手のデザインの鳩とオリーブの意味を、当時において理解できた人の数は、クリスチャンとインテリゲンチャ層の人々をのぞいたならば、まだそれほど多くはなかったのではないか。

第二章　大洪水の起きた年は紀元前二三四八年だ

聖書に出てくる鳩

さて、話を戻そう。そして、聖書のなかに描かれた鳩について、もう少し見ておくことにしよう。

ノアの箱船の話の鳩以外にも、聖書のなかには実にたくさんの場面に鳩が描きこまれている。そのなかでも有名なのは「マタイによる福音書」第十章十六節の次のような一節であろう。十二弟子を布教のために各地に遣わす際に、キリストが彼らに注意を与えた。そのなかで、述べられたとされるものである。

〈わたしがあなたがたを遣わすのは、羊を狼の中に送り出すようなものである。だから、蛇のように慧く、鳩のように素直でありなさい。〉

この言葉は、聖書を読んだことのない者でも、誰もが知っているはずである。そのくらい有名な言葉だ。しかし、どう解釈したらいいのだろうか。キリスト教のことなので、蛇と鳩が対になった反対概念だと考えるべきなのか。としたなら、「危険な状況のなかでは、手段として（蛇のように）機敏に、ずる賢くふるまうことも必要でしょう。しかし、そのときも目的が何であるかを忘れることなく、(鳩のように)無心で事に当たらなくてはならないし、(鳩のように)純粋な気持ちを忘れてはなりません」とでも、解釈したらいいのだろうか。

いわゆる、かつて学生運動を担っていた人たちがよく口にした「革命的警戒心」や「目的と手段の問題」について諭したものだと、解釈していいのかもしれない。

どちらにしろ、ここでは鳩は、悪いイメージの言葉として使われてはいない。そのことだけは確かだ。

鈴木和生さんの前出した文章「鳩の豆事典」によると、聖書(旧約、新約)には、鳩の出てくる場面が五十ヶ所以上あるという。

旧約聖書(Old Testament)は、モーゼの律法、詩篇、預言者の言葉などを含む、いわば古代イスラエル人の歴史書といっていいものだ。唯一の神を真実の支配者、指導者として仰いでいた古代イスラエル人の、信仰に基づく英雄的活動とその思想についての記述の集積だといったらいいだろうか。紀元前十五世紀から前四世紀の間に書かれたものだといわれている。また、新約聖書(New Testament)は、「キリストの事跡を記した福音書と、その弟子たちの活動を書いた使徒行伝、さらに使徒たちの書簡(手紙や宣教文書など)や迫害の下にあって記された抵抗の文書『黙示録』等をふくみ、だいたい五〇年代から一〇〇年頃までの間に書かれた」ものであるといわれている。

旧約聖書、新約聖書の「約」の文字の意味するところは、いうまでもなく「契約」である。旧約にあっては律法を守ったならばイスラエルの民を祝福しようという契約であり、「新約においてはキリストが自らの生命を捧げて示した愛を基とする（万人に対する――筆者補足）救いの契約である」。そうした神との「契約の書」のなかに、鳩が頻出するのだ。キリスト教にとって、鳩がいかに重要なシンボルとしてあるかが知れよう。

鈴木さんは、たとえば恋人あるいは新婚夫婦の濃密な愛情をうたったとされる「雅歌」のなかから、次のような一節をあげている。

〈わが愛する者よ、見よ、あなたは美しい、／見よ、あなたは美しい、あなたの目は鳩のようだ。〉（第一章十五節）

〈岩の裂け目、がけの隠れ場にいるわが鳩よ、／あなたの顔を見せなさい。／あなたの声を聞かせなさい。／あなたの声は愛らしく、あなたの顔は美しい。〉（第二章十四節）

鈴木さんはこれらの一節中の「鳩」は、「愛情を表現したもの」であるという。「雅歌」であるのだからもちろんそうなのだが、ここではもう少し深読みをしておこう。たとえば前者は、自分があなたに惹かれるのは、あなたの目が「鳩のよう」に澄んでいるからだ。つまり、心の美しい人であると知れるからだとうたっているのであろう。しかし、そこにはまた、神の愛情を受けるにふさわしい民の意がダブらされているのではないか。こんなふうにである。「あなたの目は鳩のよう」に澄んでいて、心に一点の濁りもないことが知れる。故にあなたは「美しい」のであり、故に「わが愛する者」であるとの意がだ。同じように、後者は、神である自分が愛情を注ぐそうした民を、鳩そのものにたとえたものだとはいえないか。キリスト教徒たちは、そう読むのではないだろうか。

また、鈴木さんは、精霊（Spirit of God）が下る様を、鳩のそれにたとえている表現もあるという。たとえば、次のようなものだ。

〈イエスはバプテスマを受けるとすぐ、水から上がられた。すると、見よ、天が開け、神の御霊が鳩のように自分の上に下って……〉（「マタイによる福音書」第三章十六節）

〈そして、水の中から上がられるとすぐ、天が裂けて、精霊が鳩のように自分に下って来るのを……〉（「マルコによる福音書」第一章十節）

「詩篇」のなかでは、こんなふうにうたわれていたりもする。

〈わたしは言います、／「どうか、鳩のように翼をもちたいものだ。／そうすればわたしは飛び去って安きを得るであろう。わたしは遠くのがれ去って、野に宿ろう。／わたしは急ぎ避難して、／はやてとあらしをのがれよう」と〉（「詩篇」第五十五篇六～八節）

〈たとい彼らは羊のおりの中にとどまるとも、／鳩の翼は、銀《しろがね》をもっておおわれ、／その羽は

きらめく黄金《こがね》をもっておおわれる。〉（「詩篇」第六十八篇十四節）

あるいは、また、「モアブに住む者よ。町を去って岩の間に住め。／穴の入口のそばに巣を作る／鳩のようになれ」（「エレミア書」第四十八章二十八節）とか、「雲のように飛び、／鳩がその巣に／飛び帰るようにして来る者はだれか」（「イザヤ書」第六十章八節）とか、「空のこうのとりでもその時を知り、／山鳩と、つばめと、つるはその来る時を守る。／しかしわが民は主のおきてを知らない」（「エレミア書」第八章七節）という表現もある。

しかし、なぜ鳩なのだろうか。

鈴木さんは、鳩が帰巣性をもつ鳥であり、かつ「古くから人間の生活により身近く存在して親しまれていた（鳥だ―筆者補足）からであろう」という。

〈帰巣性をもつ鳥は単に鳩ばかりではなく、他の鳥類だってその性質をもっているはずである。距離といい速さといい、そのことだけを考えると、さらに上回るものがいるはずである。にもかかわらず、あえて鳩をもちだしてきて説明するのには、やはりそれだけの理由があって、古くから人間の生活により身近く存在して親しまれていたからであろう。だから「鳩の翼は、銀《しろがね》をもっておおわれ」とも形容され、「その羽はきらめく黄金《こがね》をもっておおわれる」ともたたえられるのではなかろうか。〉

鈴木さんもいうように、帰巣性をもつ鳥は鳩ばかりではない。飛翔距離や飛翔速度だって、鳩に優る鳥はいくらでもいるはずである。たとえば、キョクアジサシという鳥は、北極と南極の渡りをする鳥として知られているし、キアシシギのようにシベリアの寒帯で繁殖し、秋になると南下してオーストラリアの南部までの渡りをする鳥もいる。むろん、ツバメなど他の渡り鳥も何千キロという距離の渡りをしていることは、今日、周知の事実である。しかし、当時、「人間の生活により身近く存在して親しまれていた」鳥のなかでは、鳩がこの能力に頭抜けていたということなのだろう。

たとえば、榎本岩郎さんは「養鳩基礎講座19　レース鳩の帰巣能力と渡り鳥のナゾ」（『愛鳩の友』一九七二年十一月号）のなかで、次のように述べている。

〈自然科学の祖といわれるアリストテレスは、その昔、動物史に、動物のうち季節的に移動をするものがあり、ツル、ペリカンは渡りをするとのべた。しかし、ツバメ、トビ、コウノトリなどは渡りをせず、冬のあいだ土中にかくれ、春に姿を現わすと考え、またロビンとジョウビタキは、同じ鳥が形を変えたものであり、前者は冬の姿、後者は夏の姿であるというような迷説まで発表している。／その後一六世紀中期にスウェーデンの大司教マグヌスは、ツバメが渡りをするというのはあやまりで、ほんとうはダンゴのように固まって水中にしずんで冬を過ごし、春になると出現するとのべている。もっとも当時の学者の大部分の意見は、ツバメは渡りをしない、冬は土中で冬眠するということで一致していた。〉

アリストテレス（紀元前三八四〜前三二二）は、古代ギリシアの哲学者である。彼においてすら、また時代が下った十六世紀においてですら、そうであったことを考えるならば推して知るべしであろう。渡り鳥について、彼らは何も知らなかったのだ。渡り鳥について科学的な研究が始まるのは、十九世紀に入ってからのことである。

では、鳩が「人間の生活により身近く存在して親しまれていた」とは、具体的にはどういうことだろう。

鳩は人間に馴れやすい鳥である。飼育も用意である。いや、飼育というほどではないにしても、屋根裏などに勝手に巣を作る。この時代の人たちは、それらの鳩をとって、おそらく食卓に供していたに違いない。そして、彼らはやがて、その鳩が未知の遠くの土地から放されても自分の巣に帰ってくる、そうした不思議な能力を持っていることに気づいた。そして、その能力に魅せられるようになっていったのではないか。

その能力を、いつか目に見ることのできない唯一神の神秘性と概念的にリンクさせることになった……。キリスト教でシンボルのように扱われるのは、その結果であったのではないか。むろん、鳩を食卓に供していたその贖罪の意識も、そこには働いていたのかもしれない。

さて、筆者は先に、「モアブに住む者よ。町を去って岩の間に住め。／穴の入口のそばに巣を作る／鳩のようになれ」（「エレミア書」第四十八章二十八節）という一節を引用しておいた。この鳩は、カワラバトであろう。「岩間に住」んで「穴の入口のそばに巣を作る」というのは、文字通りカワラバトの習性である。「岩の裂け目、がけの隠れ場にいるわが鳩よ、／あなたの顔を見せなさい。／あなたの声を聞かせなさい／あなたの声は愛らしく、あなたの顔は美しい」（「雅歌」第二章十四節）とうたわれる鳩もまた、カワラバトであろう。「非常に種類の多い鳩の仲間も大別してみれば巣を樹木の枝などに作るものと、海岸地方のような崖の岩の間に作るもの」とに分けられる。山鳩（ヤマバト）や雉鳩（キジバト）は前者、カワラバトはこの後者に属している。「両者ともに巣材としては枯枝その他を簡単に敷く程度のお粗末な巣に違いない」が……。

鈴木さんによると、「英訳にされた聖書と日本語に訳されている聖書とを比較してみると鳩（カワラバト——筆者注）は dove に、その雛や家鳩の雛は young pigeon に、また山鳩は turtle-dove のようにはっきり区別して記載されている」という。今日における野生の鳩を dove、飼われている鳩を pigeon とする使い方とは、ちょっと違っているようなのだ。この「エレミア書」第四十八章二十八節や「雅歌」第二章十四節の「鳩」は、故に英訳された聖書においては「dove」という表記になっているはずだ。

〈キリストの伝道と交渉の深かった地方で、しかも聖書にはカナンとあるパレスチナでの鳩は七種位見られるといわれ、一番人の目をひくのは、いたるところで群をなして飛んでいる数珠掛鳩 ring-dove であり、「地には花が咲き乱れ、歌の季節がやって来た」（雅歌2―12）というように四月に来て春を知らせる雉鳩 turtle-dove や、また街上やエルサレムの神苑などに多くいる棕櫚鳩 palm turtle-dove などがいるという。〉

dove は、それらの鳩（ヤマバト）とは違う。カワラバトのことである。

鳩が人間に飼い慣らされたのは、紀元前三〇〇〇年頃からだといわれている。その鳩こそ、カワラバトであった。カワラバトは、エジプトからペルシャ、インド、中国にかけての岩場に、広範囲に繁殖していた。そのカワラバトが、じょじょに野生から脱して家鳩（イエバト）となり、今日の伝書鳩、レース鳩にまで改良されてきたのである。ついでにいうならば、今日、公園や神社やお寺などにいる土鳩（ドバト）は、この家鳩（イエバト）や伝書鳩、レース鳩が再び野生化し、繁殖したものだ。いや、人間の手によって餌を与えられているという意味では、「半野生化」といった方がいいかもしれない。

さて、聖書には、他にも「鳩」を喩えにしたものがある。

「わたしは、つばめのように、つるのように鳴き、／鳩のようにうめき」（「イザヤ書」第三十八章十四節）、「われわれは皆、熊のようにほえ、／鳩のようにいたくうめき」（同第五十九章十一節）、

「その王妃は裸にされて、捕らわれゆき、／その侍女たちは悲しみ、／胸を打って、鳩のようにうめく」（「ナホム書」第二章八節）のように、人間の嘆き悲しむときに漏らす声が、鳩の鳴き声に喩えられているものもある。

さらには、次のような一節である。

〈外には剣があり、内には疫病と飢饉がある。畑にいる者は剣に死に、町にいる者は疫病と飢饉に滅ぼされる。そのうちの、のがれる者は谷間の鳩のように山々に行って、おのおの皆その罪のために泣き悲しむ。〉（「エゼキエル書」第七章十六節）

〈エフライムは知恵のない愚かな、鳩のようだ。〉（「ホセア書」第七章十一節）

〈彼らは鳩のように、／アッシリアの地から、震えながらやって来る。〉（同第十一章十一節）

これらのように、なかには「自分の罪のために泣き悲しむ」ことや、「智恵のない愚かな」ことや、「震えながら」来る姿を「鳩」で喩えたような、マイナスのイメージを示唆する喩えに使われているものもないわけではない。

これは喩えとしてではないが、聖書にはまた、供犠に使用されるものとして「鳩」が出てくる。

たとえば、次のようなものである。

〈主は彼に言われた、「三歳の雌牛と、三歳の雌やぎと、三歳の雄羊と、山鳩と、家鳩の雛とをわたしの所に連れてきなさい」。〉(「創世記」第十五章九節)

〈もし主にささげる供え物が、鳥の燔祭《はんさい》であるならば、山鳩、または家鳩の雛を、その供え物としてささげなければならない。〉(「レビ記」第一章十四節)

〈もし小羊に手のとどかない時は、山鳩二羽か、家鳩の雛二羽かを、彼が犯した罪のために償いとして主に携えてきて、一羽を罪祭《ざいさい》に、一羽を燔祭にしなければならない。〉(同第五章七節)

〈男の子または女の子についての清めの日が満ちるとき、女は燔祭のために一歳の小羊、罪祭のために家鳩の雛、あるいは山鳩を、会見の幕屋の入口の、祭司のもとに、携えてこなければならない。／祭司はこれを主の前にささげて、その女のために、あがないをしなければならない。こうして女はその出血の汚れが清まるであろう。これは男の子または女の子を産んだ女のためのおきてである。／もしその女が小羊に手のとどかないときは、山鳩二羽か、家鳩の雛二羽かを取って、一つを燔祭、一つを罪祭とし、祭司はその女のために、あがないをしなければならない。こうして女は清まるであろう。〉(同第十二章六節〜八節)

同十四章二十二節、三十節にはまた、癩病の患者のための同様の記述がある。

新約からも、一つだけあげておこう。

〈それから、モーゼの律法による彼らの清めの期間が過ぎたとき、両親は幼子を連れてエルサレムへ上った。／それは主の律法に「母の胎を初めて開く男の子は皆、主に聖別された者と、となえられなければならない」と書いてあるとおり、幼子を主にささげるためであり、／また同じ主の律法に、「山鳩一番《つがい》、または家鳩の雛二羽」と定めてあるのに従って、犠牲をささげるためであった。〉（「ルカによる福音書」第二章二十二節〜二十四節）

鈴木さんは、聖書に見られるこれらの表現について、次のように述べている。

〈これら供犠用としての鳩は「レビ記5—7」「同12—8」「同14—22」「同14—30」にも記してあるごとく、それぞれが「羊を買う余裕がなければ」とか、「手に入れることのできる」、または「手に入れることのできた」鳩であって、貧しき人でもだれもが祭儀に平等に参加する権利のあることを示しているものと思われる。〉

そして、それ故、「両替人の台や、鳩を売る者たちの腰掛けを……」（「マルコによる福音書」第十一章十五節）に見られるように、また「牛、羊、鳩を売る者や両替する者たちが宮の庭に座り込んでいるのを……」（「ヨハネによる福音書」第二章十四節）や「ヨハネによる福音書」第二章十六節の同様の一節に見られるように、神殿の境内にできた市場ではそうした供犠用の鳩が売られていたのではないかと。

筆者はこれについては、鈴木さんとちょっと意見を異にする。キリスト教は、ユダヤ教の神殿主義も律法主義も否定したところに生まれた宗教である。つまり、神殿で行なわれる供犠を否定した宗教であったはずだ。ユダヤ教がユダヤ人だけに開かれた宗教であるのに対し、キリスト教は万人に対する「神の支配」を説いている。神殿など造らずとも、そこで供犠など行なわずとも、神はユダヤ人も非ユダヤ人も、金持ちも貧乏人も分け隔てなく愛しているというのがキリスト教の立場であったはずだ。故にイエスは、ユダヤ教のそうした神殿の境内で、それら商人たちの台をひっくり返すという行為に出たのではなかったか。鈴木さんのいう「マルコによる福音書」第十一章十五節にしろ、「ヨハネによる福音書」第二章十四節にしろ、また同第二章十六節にしろ、イエスの神殿境内でのそうした行為を記した場面である。

故に鈴木さんのいうそれは、キリスト教の立場から見たら、ちょっと違うように思える。

さて、この節の最後にもう一つだけ、聖書のなかに出てくる不思議な「鳩」という言葉の使われ方について見ておくことにしよう。「列王記Ⅱ」第六章二十五節に、次のような一節があるのだ。

〈……サマリヤには、ひどい飢饉があった。そのうえ、彼（アラムの王、ベン・ハダト――筆者注）らが包囲していたので、ついにろばの頭一つが銀八十シケルで売られ、鳩の糞一カブの四

分の一が銀五シケルで売られるようになった。〉

鈴木さんは辞書などで調べた結果、ここにいう「鳩の糞」は、たとえば「アラビア人がおかひじきを雀運究と呼ぶように、ある植物の名ではないか」と推測されるという。筆者の見た『旧約聖書略註』一九七五年第八版には、注にイナゴマメの莢のことではないかとある。ネットで検索すると、http://bible.or.jpというサイトに石島通子さんが、「いなごまめ」についてこんな書き込みをしていた。

〈エジプト、アラビア、パレスチナなど地中海東岸に古くから栽培され、所によっては野生化し、高さが10mにも達する常緑樹。雌雄異株で花は小さく、黄または赤で、さやと種の用途は広い。褐色で完熟していないさやを集めて圧縮すると、甘い汁が得られ、しょ糖が40～50％含まれており、飴の材料になる。又この汁に果物を漬けて保存したり、アルコール醸造の原料になる。種の薄い皮を除くと純白の固い胚乳が現れる。これを粉末にして水にとかすと糊になり、織物の糊づけに使用される。又練り込んで丸薬を造ることもある。さやのしぼりかすは家畜の飼料となる。実生でさやを収穫するには20年を要するが、接ぎ木が出来る。／いなごまめは、聖地に最も古くからあったものの一つ。旧約には記されておらず、新約ではイエス様の有名なたとえ話「放蕩息子の物語」に出て来るだけである。〉

そして、「ルカによる福音書」第十五章十六節の「彼は豚の食べるいなご豆を食べてでも腹を満たしたかったが、食べ物をくれる人はだれもいなかった」という一節を引用している。また、同サイトには「洗礼者ヨハネはイナゴと野蜜のみを食したとされるが、初期のキリスト教徒がこのイナゴはイナゴマメのことではないかと思い込んだ結果、『ヨハネのパンの木』と呼ばれるようになった」との書き込みもある。ここにいう「野蜜」とは蜂蜜のことではない。ヨルダン渓谷に沿った亜熱帯地域に産するなつめやしの実（タマル）のことである。ちなみにダイヤモンドの大きさを示す「キャラット（carat）」という単位は、このイナゴマメの種の重さを基にしたものだという。一粒のイナゴマメの種の重さ二百ミリグラムが一キャラットだということだ。

さて、鈴木さんは植物の名ではないかといい、『旧約聖書略注』にはイナゴマメの莢のことではないかと注が付けられていた。しかし、筆者は「鳩の糞」は、文字通り「鳩の糞」と解釈していいのではないかと思うのだ。

筆者は残念ながら、鈴木さんのいう「雀運究」は鳥の名前かなとも思うのだが、何のことだか分からない。また、「一カブの四分の一」がどのくらいの量になるのか、「銀五シケル」がどのくらいの価値であるのかも分からない。「おかひじき」や「イナゴマメ」がどんな植物なのかも実際には知らない。そんな筆者の戯言として聞いてほしいのだが、この一節について筆者はこんな推測をするのだ。

当時の人たちは、鳩の糞を温水でのばすなりして、美顔用に使っていたのではないか。日本のウグイスの糞のようにである。鳩の糞には美白作用があるからだ。当時も女性は、色白であることに美を見出していたのではないか。また、鳩の糞は皮を鞣《なめ》す際にも使われていたはずだ。今でも、中東諸国では鳩の糞で革を鞣している。この古代の時代において鳩の糞は鳩の糞として、そうして実際に商品価値を有するものとしてあったのではないか。

井崎乙比古さんの書いたエッセイ「九条武子と鳩の糞」（『愛鳩の友』一九七二年七月号）のなかに、次のような一節がある。筆者はそれを読んでいたので、そう思ったりもするのだ。

〈私は（日光御用邸での―筆者補足）鳩通信の奉仕任務を、無事に終って、帰京の際、御用邸に奉仕なさっておられた、武子夫人の御主人、九条良知男の車に同情させていただいた。／車中、鳩の話に花が咲き、武子夫人のお化粧品も、フランス製の物が多く、この種の品は、何と云っても、フランス製に限るとのこと。……フランスの化粧品会社の筆頭、コテイ会社の製品特に肌の栄養顔料の中には、何と鳩の糞が加工されて、混入してあり、この品が、大好評であるとのお話であった。／……左様申せば、私にも、忘れ難き鳩糞の思い出があるので御披露いたしたい。／……（大正時代、中野にあった陸軍の鳩舎には四千羽の鳩が飼育されていた。その―筆者補足）鳩糞の処置には、全く閉口した。附近の農家でも貰って呉れないし、大きな穴を作っても、忽ち満杯になってしまう。私は、庶務主任としてこの問題にも責任があったので、困り抜いていた。／その時、まさに天来の福音とも申すべき吉報が、私の机上に届いた。／それは関西の革製品会社で、革の鞣《なめし》に鳩糞を使いたいとのことで社長が上京するからとの連絡である。／二、三日すると、社長さんが約束通り上京して、鳩舎を案内した。すると、社長さんの驚いたのは構内の隅にある鳩糞の大穴であった。案内した私は、一寸気恥ずかしい思いであった。／然るに社長さんは、掌に糞を載せて粉末にしたり、臭いを嗅いだりして鳩糞の山を離れようとしない。社長曰く、お願いです、この鳩糞を私の社に払下げていただけませんか、と。／どうせ不用の代もの、無償で呈上しますと返事をしたら大よろこびで、その後中野駅より鳩糞を満載した貨車が、西下したのである。私は社長とお別れのとき、鳩糞ならどこの神社仏閣にも、鳩の糞もあるし悠々運賃を使って東京より送るのは何か理由がありますかときくと、寺や神社の鳩は、皆、素性の知れない土鳩で又雑食ですから御隊の鳩には及びません。こうなると、軍鳩の糞も、貴重な、工業原料になる。／革をなめす糞の科学的作用も人間の肌を美化する効果も同じものであるらしい。／……（中野の鳩委員事務所には在京各隊より、「鳩手」と呼ばれる鳩取扱兵が鳩取扱いを学ぶために来ていたが、そういえば彼らが六ヶ月間学び終えて――筆者補足）夫々《それぞれ》自隊に帰る時には乙女の様な美しい肌の手であった。〉

むろん、では「ろばの頭」は、どんな実用の用たるものがあったのか。そう問われたなら、困ってしまうのだが……。

「天地創造」は紀元前四〇〇四年十二月のことである

さて、こうして聖書には鳩が何ヶ所にも登場する。それは、あるときには山鳩（ヤマバト）であり、またカワラバトであり、家鳩（イエバト）である。

では、ノアの箱船に乗せられていた鳩は何か。

むろん、このカワラバトであろう。オリーブの若葉のついた小枝をクチバシにくわえてきて、ノアに洪水の水が引き始めたことを知らせた鳩はである。

そうして水の上に突出した地面を見つけ、再び箱船まで戻る飛翔能力を有していたのは、今日の伝書鳩の祖先であるカワラバトか家鳩（イエバト）以外には考えられない。山鳩（ヤマバト）には、それほどの飛翔能力はないだろう。そして、ノアの箱船の話は、むろんカワラバトが人間に飼い慣らされる以前、つまり家鳩（イエバト）と呼ばれるようになる段階以前の話であると思われるからである。

いや、違う。一七〇一年版以降の欽定訳聖書には、天地創造から始まって、聖書中の諸事件が何年に起きたのかが、全ページの欄外に記されている。それによると、大洪水が起きたのは紀元前二三四八年であるからだ。これは、すでにカワラバトの家畜化が始まっていた年代にあたる。とするならば、箱船に乗せられていた鳩は、ノアによって飼育されていた鳩であるとも考えられる。いや、ノアが飼育していた鳩であるに違いない。つまり、家鳩（イエバト）でだ。

聖書「創世記」第八章九節には次のように書かれていた。ノアが洪水が引いたかどうかを確認しようとして、烏の次に鳩を放してみたときのことを描いた場面である。

〈だが鳩は、足の裏をとどめる所が見つからなかったので、箱船のノアのもとに帰ってきた。水がまだ全地のおもてにあったからである。彼は手を伸べて、これを捕らえ、箱船の中の彼のもとに引き入れた。〉

つまり、ノアは鳩に「手を伸べて、これを捕らえ、箱船の中の彼のもとに引き入れた」のである。この一節からすると、鳩はノアにずいぶんと馴れているように思われる。つまり、ノアによって飼育されていた鳩であることを示しているように思われるからだ。野生のカワラバトでは、そうはいかないだろう。

ここにいう「欽定訳聖書」（オーソライズド・バージョン）とは、「一六一一年、英国王ジェームズ一世が、英語圏のプロテスタントにふさわしい聖書の英語訳を生み出すため、五十四人の学者を任命」（アイザック・アジモフ『アジモフ博士の聖書を科学する』）して作らせた聖書のことで、いわゆる「ジェームズ王聖書」と呼ばれているものだ。そして、この欽定訳聖書は「今日にいたるも、これこそほとんどすべての英語国民が『ザ・バイブル』と考えているものだ」(同上)。つまり、英語圏の国々において、最も権威ある聖書だといっていい。

では、この欽定訳聖書は、なぜ大洪水のあった年を紀元前二三四八年と認定したのか。その根拠は何か。

聖書のなかにはこの大洪水にしろ、あるいは天地創造にしろ、「ある出来事が起こった年月日を、われわれがいま用いている年表中の特定の時代に結びつけられるような仕方で述べている個所は一つとしてない」(同上)。しかしながら、それらが「いつ起こったかという疑問は人々の好奇心を掻き立ててき、さまざまな聖書学者が、聖書の中のいろいろな記述を間接的な根拠に用いて、その年代を推定しようと務めてきた」(同上)。

この欽定訳聖書の欄外に付された年代は、そうした聖書学者中最も権威のあるジェームズ・アッシャー(一五八一～一六五六)によるものだ。アイルランドのアーマーの大司教を務めた人である。また、「枢密院議員であり、チャールズ一世の腹心として、国政においても重要な役割を演じていた。……彼の名声はきわめて高かったので、一六五六年に彼が死去したときには、クロムウェルは公式の葬儀をおこない、ウェストミンスター寺院に埋葬し、十分な栄誉を与えるよう、みずから命じたほどであった」(ノーマン・コーン『ノアの大洪水　西洋思想の中の創世記の物語』)。アッシャーには、『旧約聖書年代記』(一六五〇年)とその続編『年代記後篇』(一六五四年)という著作がある。

アッシャーは一六五四年、ケンブリッジ大学副総長ジョン・ライトフッドとともに聖書の記述から逆算し、「天地創造」は紀元前四〇〇四年十月十八日から二十四日にかけて行なわれ、アダムが創造されたのは十月二十三日午前九時のことだと結論づけた。ただし、聖書「創世記」には、「……こうして天と地と、その衆群とが完成した。すなわち、そのすべての作業を終わって、第七日に休まれた」／神は第七日にその作業を終えられた。すなので、「天地創造」はアダム（人々）が創造された六日目には終っていたと考えていい。ここにいう「衆群（ホスト）」とは、「天使たち」のことではないかといわれているが、筆者はここではアジモフが『アジモフ博士の聖書を科学する』にいう説をとりたい。

〈これは、いくつかの伝説の中で神が天と地を創造する以前に創ったとされている天使たちを指しているのだろうか？　だが、それより、この言葉は単に、完成した仕事に含まれるすべての細目——空のあらゆる星、地上のあらゆる地理的様相、すべての植物や動物——要するに森羅万象を指しているのだと取った方がよさそうである。〉

ちなみに、アッシャーによる「天地創造」の日付けは、春分を一年の始まりとする暦によるものなのかもしれない。というのも、アッシャーのそれでは、ノアとその家族や動物たちが箱船に入った日は紀元前二三四九年十二月七日、箱船がアラトの山にとどまったのは翌年紀元前二三四八年五月六日、洪水が去り、ノアたちが箱船から出た日が同年十二月十八日になっている。ノーマン・コーン『ノアの大洪水　西洋思想の中の創世記』が、そう伝えている。今日の聖書に記されている日付け（紀元前二三四八年二月十七日の七日前、同年七月十七日、紀元前二三四七年二月二十七日）とは、前の方に二ヶ月ほどのずれが認められるからである。とすると、天地創造は紀元前四〇〇四年の十二月だということになる。おそらく、冬至の日に、神はその作業を終えられたのではないか。ちなみに冬至の日には、太陽の新生を祝う「冬至の祭り」が行なわれていた。筆者は何か因縁を感じるのである。その「冬至の祭り」が転化したものが、今日のクリスマス（キリストの聖誕祭）だ。

さて、その天地創造から数えて、千五十六年後の年にノアは生まれている。大洪水が起きたのは、ノアが六百歳のときのこと（「創世記」第七章十一節）であるから、天地創造から千六百五十六年後の年であったということになる。

「創世記」第五章には、天地創造の最後の日（六日目）に神によって創造されたアダム（人々）のなかの一人であるアダムから始まる系譜が記されている。その第一節から二十九節を引用しておこう。

〈これはアダムの子孫の系譜である。神が人々を創造された時、神にかたどって造り、／彼らを男と女とに創造された。彼らが創造された時、神は彼らを祝福して、その名をアダムと名づけられた。／アダムは百三十歳になって、自分をかたどり、自分のかたちのような男の子をもうけ、その名をセツと名づけた。／アダムがセツを生んで後、生きた年は八百年であって、ほかに息子たちや娘たちをもうけた。／アダムの生きた年は合わせて九百三十歳であった。そして彼は死んだ。／セツは百五歳になって、エノスを生んだ。／セツはエノスを生んだ後、八百七年生きて、息子たちや娘たちを生んだ。／セツの年は合わせて九百十二歳であった。そして彼は死んだ。／エノスは九十歳になって、カイナンを生んだ。／エノスはカイナンを生んだ後、八百十五年生きて、息子たちと娘たちを生んだ。／エノスの年は合わせて九百五歳であった。そして彼は死んだ。／カイナンは七十歳になって、マハラレルを生んだ。／カイナンはマハラレルを生んだ後、八百四十年生きて、息子たちと娘たちを生んだ。／カイナンの年は合わせて九百十歳であった。そして彼は死んだ。／マハラレルは六十五歳になって、ヤレドを生んだ。／マハラレルはヤレドを生んだ後、八百三十年生きて、息子たちと娘たちを生んだ。／マハラレルの年は合わせて八百九十五歳であった。そして彼は死んだ。／ヤレドは百六十二歳になって、エノクを生んだ。／ヤレドはエノクを生んだ後、八百年生きて、息子たちと娘たちを生んだ。／ヤレドの年は合わせて九百六十二歳であった。そして彼は死んだ。／エノクは六十五歳になって、メトセラを生んだ。／エノクはメトセラを生んだ後、三百年、神とともに歩み、息子たちと娘たちを生んだ。／エノクの年は合わせて三百六十五歳であった。／エノクは神とともに歩み、神が彼を取られたので、いなくなった。／メトセラは百八十七歳になって、レメクを生んだ。／メトセラはレメクを生んだ後、七百八十二年生きて、息子たちと娘たちを生んだ。／メトセラの年は合わせて九百六十九歳であった。そして彼は死んだ。／レメクは百八十二歳になって、男の子を生み、／「この子こそ、主が地を呪われたため、骨折り働くわれわれを慰めるもの」と言って、その名をノアと名づけた。〉

読者諸氏は、自分で計算してみてほしい。こうして天地創造から数えて千五十六年後の年にノアは生まれ、ノアが六百歳のときに大洪水は起きたのである。つまり、大洪水の起きた年は天地創造（紀元前四〇〇四年）から千六百五十六年後の年、紀元前二三四八年ということになる。

ところで、ここにアダムの子孫として出てくるセツ、エノス、カイナン、マハラレル、ヤレド、エノク、メトセラ、レメク、ノアは、すべて男系長子の名前である。聖書に出てくる名前は、圧倒的に男の方が多い。これは、聖書が編纂された時代もまた、男性中心社会であったことを反映したものであるに違いない。聖書には、そのベースに、男尊女卑の思想があるような気がしてならない。が、それについては本著のテーマではない。重要なことだと思うが、触れている余裕はない。

さて、ここには、たとえば「アダムは百三十歳になって……男の子をもうけ」とか、「セツは百五歳になって、エノスを生んだ」というように書かれているが、むろん男であるアダムやセツが、セツやエノスを出産したわけではない。「もうけ」とか、「生んだ」は、その子の父親になったという意味である。

　では、なぜここで聖書編纂者たちは、こうして男系長子の名前だけをあげているのだろうか。男尊女卑の問題はさておくとしても、アダムからレメクに至るまで、なぜその他の子供たちの名前があげられていないのだろうか。彼らは皆、他にも「息子たちと娘たちを生んだ」にもかかわらずである。その息子たちや娘たちの名前は、いっさい無視されてしまっている。それは、なぜか。

　それは、おそらくそれらの子供たちやそれらの子供たちの子孫が、やがてノアの時代に起きる大洪水によって滅びてしまう運命にあるからだろう。聖書編纂者たちの目的は、彼らが聖書を編纂していた当時までのイスラエルの民の歴史書を作ることであった。つまり、ここに名前を出された人の血筋以外は、イスラエルの民の祖先ではないからであろう。キリスト教の立場からすれば、個別イスラエルの民だけではなく、世界の民の祖先ではないということになるのだが……。

　第五章三十節からこの章の最終節となる三十二節までを、引用しておくことにしよう。

〈レメクはノアを生んだ後、五百九十五年生きて、息子たちと娘たちを生んだ。／レメクの年は合わせて七百七十七歳であった。そして彼は死んだ。／ノアは五百歳になって、セム、ハム、ヤペテを生んだ。〉

「聖書は人類を、三つの大きなグループに分かれたノアの子孫として見ている。それぞれのグループは、ノアとともに大災害を生きのびた彼の息子たちから派生した。だからこの息子たちには、めいめい名をつける必要があったのである」（同上）。

大洪水の後も生き延びたノアの子供たちの名前は、こうして三人とも記されることになるのではあるが……。

引用した「創世記」第五章については、さらにもう一つ述べておかなければならないことがある。

筆者は先にアダムから始まる系譜の記された「創世記」の第五章一節から二十九節を引用する際、「アダム（人々）のなかの一人であるアダムから始まる系譜」というような言い方をした。読者諸氏のなかには、奇妙な言い方だと思われた方もいたに違いない。では、なぜそうした言い方になったのか。そのことについてである。

それは、引用した第五章一節「これはアダムの子孫の系譜である。神が人々を創造された時、神にかたどって造り」や、第五章三節から五節「アダムは百三十歳になって、自分をかたどり、自分のかたちのような男の子をもうけ、その名をセツと名づけた。／アダムがセツを生んで後、生きた年は八百年であって、ほかに息子たちや娘たちをもうけた。／アダムの生きた年は合わせて九百三十歳であった。そして彼は死んだ」にいう「アダム」と、第五章二節「（神は──筆者補足）彼らを男と女とに創造された。彼らが創造された時、神は彼らを祝福して、その名をアダムと名づけられた」にいう「アダム」とは、その指示しているものが違うからである。

第五章一節やその三節から五節にいう「アダム」は、あのアダムとイブというときのアダム、つまり固有名詞であるが、第五章二節の「アダム」は、いわば「人」を意味する一般名詞である。神は「人々を創造され」て、その「人々」を指して「アダム」と名づけたと書かれているのである。いや、もとよりヘブライ語の「adam」は、「人」を意味する一般名詞である。アダムとイブというときの「アダム」は、それを人名（固有名詞）にもらったものなのだ。

筆者たちは今日、神の手によってアダムのあばら骨の一本からイブが創造される以前、この世界に人間はアダム一人しかいなかったかのように信じこんでいる。つまり、最初に神によって創造されたのは、アダムという固有名詞で呼ばれる男性であったとだ。しかし、実はそうではない。アダムは、「アダム（人々）」のなかの一人であったに過ぎない。

天地創造の最後に日（六日目）に神が人々を創造された、その場面を描いた「創世記」第一章二十七節にも、次のようにはっきりと書かれている。

〈神は自分のかたちに人を創造された。すなわち、神のかたちに創造し、男と女とに創造された。〉

その男たちと女たちを指して、神は「人（アダム）」と名づけたのだ。

では、なぜ筆者たちは、そう信じてしまったのか。つまり、アダムのあばら骨の一本からイブが創造される以前、この世界に人間はアダム一人しかいなかったかのようにである。

実は、当の聖書「創世記」のうちに、次のように描かれてもいるのだ。「創世記」第二章四節から九節、十六節から二十二節を引用しておこう。

〈これが天地創造の由来であり、主なる神が地と天とを造られた時、／地にはまだ野の木もなく、また野の草も生えていなかった。主なる神が地に雨を降らせず、また土を耕す人もなかったからである。／しかし地から霧《ミスト》がわきあがって、地の全面を潤していた。／主なる神は土のちりで人を造り、命の息をその鼻に吹き入れられた。そこで人は生きた者《ソウル》となった。／主なる神は東の方《かた》、エデンに一つの園を設けて、その造った人をそこに置かれた。／また主なる神は、見て美しく、食べるに良いすべての木を土から生えさせ、さらに園の中央に命の木と、善悪を知る木とを生えさせられた。／……／主なる神はその人に命じて言われた、「あなたは園のどの木からでも心のままに取って食べてよろしい。／しかし善悪を知る木からは取って食べてはならない。それを取って食べると、きっと死ぬであろう」。／また主なる神は言われた、「人がひとりでいるのは良くない。彼のために、ふさわしい助け手を造ろう」。／そして主なる神は野のすべての獣と、空のすべての鳥とを土で造り、人《アダム》のところへ連れてきて、彼がそれにどんな名をつけるかを見られた。人がすべて生き物に与える名は、その名となるのであった。／それで人《アダム》は、すべての家畜と、空の鳥と、野のすべての獣とに名をつけたが、人《アダム》にはふさわしい助け手が見つからなかった。／そこで主なる神は人《アダム》を深く眠らせ、眠った時に、そのあばら骨の一つを取って、その所を肉でふさがれた。／主なる神は人から取ったあばら骨でひとりの女を造り、人のところへ連れてこられた。〉

ここにいう「人」とは、すべてあのアダムとイブというときの「アダム」のことである。「アダム」とルビが付されているものはもちろん、ルビが付されていないものについても、そう解釈できる。つまり、この一節によるのであろう。

こうした聖書中の矛盾した記述の一方だけが、おそらくその方が話として面白いからという理由で、筆者たちの記憶に残ることになったのであろう。

「創世記」第一章一節から第二章三節に記述された第一の創造物語では、たとえば植物の方が人間より先に創造されたかのように描かれているが、引用した第二章四節からの第二の創造物語においては人間が先に創造され、その後で植物が創造されたかに描かれている。また、この第二の創造物語では、第一の創造物語に描かれていた宇宙創造や、あるいは海の生物の創造などの話がない。

そうした矛盾もあるが、それについてはさておくことにしよう。そうしたことをいいだすと、切りがなくなるからだ。

　さて、先に筆者は、大司教ジェームズ・アッシャーの、神による「天地創造」は紀元前四〇〇四年のことだという説について述べた。そして、この説こそが、聖書中に描かれた出来事の年代を測定する上で、最もオーソドックスな基準として存在しているのだと……。むろん、それとは違う説を主張する人たちもいる。

　たとえば、聖書を研究するユダヤ人学者たちの間で一般に受け入れられているのは、天地創造は紀元前三七六一年十月一日であるという説だという。また、東方正教会はそれを紀元前五五〇九年のことだとし、この天地創造の年を元年とする「世界創造紀元」を使用していた。他にも様々な算定結果がある。フリー百科事典『ウィキペディア（Wikipedia）』の「天地創造」の項にそれらが列挙されているのを見つけたので、引用しておこう。

フラウィウス・ヨセフス『ユダヤ古代誌』　紀元前五四四四年
ユリウス・アフリカヌス『年代誌』　紀元前五五〇〇年
エウセビオス『年代記』　紀元前五一九九年
アウグスティヌス『神の国』　紀元前五三五一年
ベーダ『時間計算論』　紀元前三九五二年

オットー・フォン・フライジング『年代記』　紀元前五五〇〇年？
スレイダヌス『四世界帝国論』　紀元前三九五四年
スカリゲル『時間修正論』　紀元前三九四八年
ペタヴィウス『年代表』　紀元前三九八四年
ボシュエ『世界史論』　紀元前四〇〇四年
ペズロン『古代復元』　紀元前五八七三年
ガッテラー『普遍史序説』　紀元前三九八四年、『世界史』　紀元前四一八二年

むろん、地球や太陽系が現在の形になったのは約四十六億年前、宇宙の誕生は約百五十億年前だということは、今日、常識に属することだ。

ついでに見ておくならば、海が生命を宿したのは三十五億年前、六億年前には海のなかに無脊椎動物が増え始め、初期の魚が出現したのが五億年前。陸地に最初の生命が出現したのは四億二千五百万年前、昆虫が出現したのが三億年前、最初の哺乳類が出現したのは一億八千万年前、翼竜と鳥類が出現したのが一億七千万年前。最初の霊長目の出現が七千万年前、サルと認められる尾のない霊長目の出現が四千万年前、「ヒト属（ホモ）」の登場は二百万年前、ホモ・サピエンスの登場は十五万年ほど前、「現代人」の祖先の登場は五万年ほど前だ。誰もが今日、知っていることである。

しかし、ここで、そんな野暮をいうのはよそう。

つまり、神による天地創造は紀元前四〇〇四年、大洪水は紀元前二三四八年のことであったのだ。

なぜ、この問題に固執するのかというと、筆者は先に、ノアの箱船に乗せられていた鳩はカワラバトの家畜化されたもの、つまりノアによって飼育されていた鳩（イエバト）であろうと述べた。そのことに関わることだからだ。

天地創造が、大司教ジェームズ・アッシャーのいうように紀元前四〇〇四年のことであったなら、またユダヤ人聖書学者たちのいうように紀元前三七六一年のことであったなら、この筆者の説に問題が生じることはない。しかし、天地創造が、たとえば列挙したなかの一つ、フラウィウス・ヨセフス『ユダヤ古代誌』のいうように紀元前五四四四年だったとすると、大洪水のあった年は紀元前三七八八年のことになる。また、東方正教会のように紀元前五五〇九年のことだとすると、大洪水は紀元前三八五三年のことになる。それでは、カワラバトの家畜化はまだ始まってはいない。家畜化が始まるのは、紀元前三〇〇〇年頃のことだからだ。つまり、概して列挙したなかの紀元前五〇〇〇年以前に天地創造を想定している説については、この問題に引っかかる。それらの説は皆、筆者にとっては都合の悪いものだ。

いいや、すでに見てきたように「創世記」第八章九節には、鳩がノアにずいぶんと馴れていることを、つまり鳩がノアによって飼育されていたであろうことを示唆する記述があった。故に、ノアの箱船に乗せられていた鳩は、間違いなく家畜化されていたカワラバト（イエバト）だ。筆者は、そう考えるのである。むろん、天地創造を紀元前五〇〇〇年以前にまで溯らせる説には、筆者は反対の立場をとらざるを得ない。

ここで、この稿を進めていくためにさらに一つ、はっきりさせておかなければならないことがある。

箱船に乗せられていた、つまり箱船から放たれた鳩は、こうしてノアによって飼育されていた鳩だとしよう。では、そのとき、つまり箱船から鳩を放ったとき、ノアはこの鳩に帰巣本能という不思議な能力があることを、はたして知っていたのだろうか。そのことについてである。

筆者は、知っていたのだと思う。だからこそ、ノアは箱船から鳩を放ったのだと考えざるを得ないからだ。

その帰巣本能の故に、烏の次に放たれたときに鳩は箱船のノアのもとに戻ったのだし（「創世記」第八章八節〜九節）、その七日後に再び箱船から放たれたときに、オリーブの若葉のついた小枝をくわえて箱船のノアのもとに戻ってきたのだ（第八章十一節）。そして、さらにその七日後に放たれたときには、箱船のノアのもとには戻ってこなかったのである（第八章十二節）。

いや、急ぐのはよそう。ちゃんと順を追って説明しよう。

つまり、こういうことだ。

烏の次に放たれた日のことを描いた「創世記」第八章九節には、「鳩は足の裏をとどめる所が見つからなかったので、箱船のノアのもとに帰ってきた」とあった。つまり、鳩は、元いた巣（大洪水以前にノアの家があった場所）に戻ろうとしたが、「水がまだ全地のおもてにあったから」、仕方なく箱船のノアのもとに戻ったのだ。

今日、行なわれている鳩のレースなどでも、それが長距離レースであったり、天候の悪い日のレースであったりすると、その放鳩された場所に戻ってきてしまう鳩が必ずいるという。何らかの理由で方向判定ができなかったとき、つまり帰るべき方向が定められなかったとき、とりあえずその放たれた場所に戻るという習性が鳩にはある。ノアによって箱船から放たれた鳩もまた、その習性にしたがったに過ぎない。

いや、こう考えてみてもいい。元の巣に戻ろうとする帰巣本能と生命保持本能とを比べたならば、当然、生命保持本能の方が勝るだろう。このときには「水がまだ全地のおもて」を覆っていて、鳩には「足の裏をとどめる所が見つからなかった」のである。やがて力つきて水の上に落ちてしまうかもしれない。そんな危険を冒してまで、元いた巣に戻ろうとはしないだろう。鳩は、それほど冒険主義者ではない。つまり、箱船に、放たれた場所に戻ろうということになる。どちらにせよ、このとき「足の裏をとどめる所」は、箱船にしか存在しなかったのである。

加えて、鳩はすでに二百五十日の間、箱船にいたのだ。箱船のなかに与えられた場所を、仕方なく第二の故郷、自分の棲み家として思い定めていたのかもしれない。箱船にはすべての動物が一番《つがい》ずつ乗せられていた。鳩もそうだ。しかし、箱船から放たれた鳩は、雄か雌か分からないが一羽である。ペアである相手の鳩は、箱船のなかに、その棲み家に残されていた。鳩は、元の巣に戻ることよりも、その相手のところに戻ることを選択したのだろう。

次に、その七日後に放たれたときには、鳩はどこからかオリーブの若葉のついた小枝をくわえてノアのもとに帰ってきたとされている。これもまた、同じ理由によるものと考えられる。

鳩は帰巣本能にしたがい、大洪水以前のノアの家にあった自分の巣に戻ろうと飛翔しているときに、たまたま水のおもてに顔を出している地面を見つけたのだろう。そして、そこに「足の裏をとどめる」ことになった。しかし、何らかの理由でそれ以上に進むことができなかった。天候が崩れたりして方向を見失ったか、あるいは次に「足の裏をとどめる所が見つからなかった」からであろう。故に、放たれた場所である箱船へと戻ることになった……。

いや、鳩はこのとき、オリーブの若葉のついた小枝をくわえて帰ってきたのであった。すでに見てきたように、鳩がそういうことをするのは、巣を営み、産卵・子育てをしようとするときである。むろん、オリーブの若葉のついた小枝は、「足の裏をとどめる」ことになった場所で見つけたのであろう。つまり、このとき鳩は大洪水以前のノアの家にあった元の巣をみかぎり、箱船のなかの与えられた場所にこそ巣を営もうとして、オリーブの若葉のついたその小枝をくわえてきたのだと考えられる。

つまり、ペアとなった相手の鳩と、その第二の故郷、自分の棲み家と思い定めた場所において、産卵・子育てをしようとしてである。むろん、これも帰巣本能のなせる業であることはいうまでもない。

では、なぜそれからさらに七日後に放たれたとき、鳩は箱船に帰ってこなかったのか。読者諸氏は、当然、そうした疑問を抱くであろう。

望郷の念に駆られて、思わず元の巣に帰ろうとしたのだろうか。大洪水以前のノアの家にあった自分の巣にである。然り、そうとしか考えられない。

別に御都合主義的に述べているわけではない。鳩を飼ったことのある人なら分かると思う。そして、これは前著『三億円事件と伝書鳩／１９６８―６９』のなかにも書いたことだが、よその鳩舎から持ってきた鳩は、その鳩舎で巣を営み、何度も産卵・子育てをした鳩であっても、そうしてその後充分に舎外をつけた鳩であっても、ふと舎外のときに失踪してしまうことがあるのだ。当の産卵・子育ての最中であったとしてもである。元いた鳩舎に戻ろうとしてのことであろう。

では、なぜそうして第二の自分の棲み家を捨てて、元いた鳩舎に戻ろうとするのか。むろん、帰巣本能のなせる業だというしかない。故に、このとき、ノアの鳩が箱船には戻らなかったとしても、それは別に不思議なことではないのである。


さて、筆者は本著第一章二節において、「鳩がオリーブの若葉のついた小枝をくわえて帰ってきたとき、ノアはおそらくほっとしたに違いない」と述べた。

「鳩はどこかで水面から出ている場所を見つけたのだ。そこにはオリーブの樹があり、若葉が芽生えていた……。鳩がくわえてきたオリーブの葉は、ノアには、水が引いた後の未来において、以前のような穏やかな生活を約束してくれる『しるし』（サイン）のように思われただろう。むろん、神がそれを約束してくれているという『しるし』（サイン）としてだ。そうであったとするならば……」と。

しかし、むしろ筆者は今、次のように思うのである。

こうしてオリーブの若葉のついた小枝をくわえて鳩が帰ってきたときよりも、ノアにとっては、その七日後の鳩が箱船に戻ってこなかったときの方が、むしろ嬉しかったのではないかとである。鳩が箱船に戻ってこなかったということは、大洪水以前のノアの家にあった自分の巣に向かったからに違いない。鳩に帰巣本能があることを知っていたとしたならば、ノアもまたそう考えたはずだ。そして、鳩が大洪水以前の元の巣に戻ろうと試みることが可能なくらい、すでに洪水の水が引いたのだということを了解したであろう。

神は、鳩にオリーブの若葉のついた小枝をくわえてこさせるということによって、やがて以前のような穏やかな生活に戻れることを約束してくれた。その約束が確実に実行されていることを、神はこの鳩の失踪によって示してくれているのだ。鳩の失踪は、その「しるし」（サイン）なのだ。敬虔な信者であるノアには、おそらくそう思われたであろうから……。筆者はそう考えるのである。

しかし、一つ心配なことがある。箱船に残されたもう一羽の鳩は、その後、飛び去ったこの鳩にうまく出会うことができたのだろうか、ということである。

むろん、出会うことができたに違いない。やがて、箱船から出されたときに、残されていた鳩もまた、大洪水以前のノアの家にあった古巣に向かったであろう。あるいは、先に飛び去った鳩が、再び相手のいる箱船に戻ってきたということも考えられよう。

そうでなければ、鳩の種はそこで絶えてしまったであろう。しかし、今日、世界中に鳩は満ちている。

「生めよ、増えよ、地に満ちよ」(「創世記」第九章一節)という神の言葉が、そうして今日、鳩についても実現されていることから考えてみてもだ。

ノアは鳩の帰巣本能について理解していた

いや、飛び去った鳩はこのとき、再び箱船へと戻ってきたのだ。

というのも、地の上のすべてのものは、洪水によって洗い流されてしまっていたのである。故に、鳩が元の自分たちの巣のあった場所、つまりノアたちの家のあった地点にまでたどり着いたとしても、そこにはすでに何もない。眼下には水浸しの、荒れた土地が広がっているばかりであっただろう。あるいは、まだ水の下であったかもしれない。そこで餌を得ることも、鳩にはままならなかったに違いない。

としたならば、第二の自分の棲み家と一度は思い定め、そこで巣作りをしようとさえした箱船に、鳩が戻ろうとしたとしても何ら不思議ではない。ペアである相手の鳩も箱船に残っているとしたならば、なおさらにである。しばらくの間は未練がましく、元の巣のあった場所の近くに「足の裏をとどめる所」を見つけて、そこにとどまっていたとしてもである。

筆者にも、こんな経験がある。筆者が鳩の飼育を中止し、鳩舎を取り壊してしまった後も、かつてレースに出した際に失踪した鳩とか、あるいはよそに売却したり、あげたりした鳩が戻ってくることがあった。それらの鳩は、すでに鳩舎が存在しないので、しばらくは家の軒などに雨露を凌いでいたが、やがてどこへともなく飛び去っていくのが常であった。おそらく、その鳩にとっての第二の棲み家、ペアである相手を残してきた今の飼い主の鳩舎へと、戻っていったのであろう。それもまた、鳩に備わる帰巣本能のなせる業である。鳩もまた、安心して暮らせる場所を求めるものなのだ。むろん、なかには、いつまでも立ち去ろうとしない鳩もいなかったわけではないが……。

しかし、聖書「創世記」には、鳩は再々度そうして箱船に戻ったとは記されていない。

いや、「さらに七日待ってまた、鳩を放ったところ、もはや彼（ノア―筆者注）のもとには帰ってこなかった」と書かれているのである。そうであったとしても、やはり鳩は箱船に戻ったのだと考えざるを得ない。鳩には帰巣本能があることを前提に、考えるならばである。そして、そうでなければ「生めよ、ふえよ、地に満ちよ」という神の言葉は、鳩については実現しないことになってしまうからだ。

いや、箱船に残されていたペアである相手の鳩もまた、「大洪水以前のノアの家にあった古巣に向かった」とも考えられると筆者は述べた。そこで二羽は出会うことができて、繁殖することになったのだとも考えられる。しかし、それでは鳩は再び、野生に戻ったということになってしまう。せっかく家畜の段階まで進化（？）した鳩の歴史を、もう一度最初からやり直さなければならなくなる。とすると、鳩の家畜化は、さらにうんと時代が下るということになるだろう。

それに一度家畜化され、人間の庇護のもとにあった鳩が、わざわざ野生に戻ろうとするだろうか。そこに、きつい生活が待っていることは知れたことだ。いや、何日かそうして過ごすうちに、そのきつさは身にしみるはずだ。安心して暮らせる場所、つまり餌を与えてくれる飼い主のもとに、そこにはペアである相手の鳩も待っている第二の棲み家に、戻りたくなったに違いない。鳩舎を壊した後戻ってきて、またどこかへと去っていった筆者の鳩のようにである。つまり、鳩は箱船のノアのもとに戻り、ノアの家畜として繁殖することになったのだ。

筆者が根拠とするのは、聖書のなかの次のような一節だ。鳩が戻ってこなかった、その後のことが描かれている場面である。「創世記」第八章十三節から十七節を引用しておこう。

〈（ノアが——筆者補足）六百一歳の一月一日になって、地の水はかれた。ノアが箱船のおおいを取り除いてみると、土のおもてはかわいていた。／二月二十七日になって、地はまったくかわいた。／この時、神はノアに言われた、／「あなたは、妻と、子らと、子らの妻たちとともに箱船を出なさい。／あなたとともにいる肉なるすべての生き物、すなわち鳥と家畜と、地のすべての這うものとを連れて出て、これらのものが地に群がり、地の上にふえ広がるようにしなさい」。〉

つまり、神はここでノアに箱船から出るようにいい、さらにこう命じているのである。鳥は鳥として、家畜は家畜として、地のすべての這うものもまたそれとして、「地に群がり、地の上にふえ広がるようにしなさい」と。敬虔な信者であるノアは、決して神のこの言葉を裏切らなかったはずだ。つまり、「家畜は家畜として……」なのである。ノアが家畜化された鳩を、再び野生に戻してしまうというような愚かなことをするはずがない。ノアは、鳩に帰巣本能があることを知っていた。つまり、鳩の行き先が二つしかないことが、ノアには分かっていたのである。大洪水以前のノアの家にあった古巣か、そうでないとしたならばこの箱船しかないということをである。

この三度目に放たれたときに、鳩は失踪してしまったわけではなかったのだ。

そして、このときもまた、鳩は箱船に戻ってくることになった……。

いや、そうでなければもとより神は、「家畜は家畜として……」とノアに命じることはできなかったであろう。そのときもまだ、一羽が失踪したままであったとしたならばである。つまり、神がノアにそう命じたということ自体、鳩が箱船に戻ってきていたということを示唆するものなのだ。

では、ノアのこの鳩は、いつ第二の棲み家である箱船へと戻ったのか。

それは、ノアたちが箱船から出ることになったノア六百一歳の二月二十七日に近い、ある日であったと思われる。あるいは、二月二十七日当日であったかもしれない。

なぜ、そう考えるのか。筆者は、次のように問うてみたのである。

箱船から放たれた鳩が、そうして大洪水以前のノアの家にあった古巣に向けて飛び去ったことによって、ノアは水がもうほとんど引いたのだということを認識したはずだ。にもかかわらず、ノアはすぐに箱船から出ようとはしなかった。一月一日には「地の水はかれた」のである。しかし、それでも箱船を出ようとはしなかった。ノアたちが箱船を出るのは、二月二十七日になってである。このタイムラグの理由は何か。何百日も箱船に閉じ込められていたのだから、すぐにでも箱船から出たかったはずである。にもかかわらずである。それは、どうしてか。

そして、また、二月二十七日に箱船を出たノアたちは、なぜその足で大洪水以前に住んでいた土地に向かおうとはしなかったのか。彼らは望郷の念にとらわれてはいなかったのか。むろん、水はすでに引いていたのだから、帰ることは可能であったはずだ。にもかかわらずである。それは、どうしてか。

　聖書には、その後「ノアは農夫となり、ぶどう畑をつくり始めた」（「創世記」第九章二十節）とある。「一般に、この節は、ノアはぶどうの栽培を最初に始めた人物だというように解釈されている」（アイザック・アジモフ『アジモフ博士の聖書を科学する』）という。箱船が漂着したアララト山のその麓、今日、葡萄の産地として有名なアルメニア地方に、こうしてノアたちは定住することになる。

　筆者は、ノアの心の裡を次のように推測するのだ。これら二つの問いに対する答えとしてである。

　つまり、ノアは鳩が帰巣本能に従って元の巣に戻った後、再び帰巣本能に従って箱船に戻ってくるのかどうかを、確かめたかったのではないか。そして、鳩が箱船に戻らなかったならば、自分たちも箱船を出た後、大洪水以前に住んでいた場所に戻ろうと考えていたのではないか。箱船に鳩が戻ってこないとしたら、鳩は向こうで暮らしているということになる。鳩が暮らせるということは、自分たちもその場所で暮らせるということだろう。そうであるならば、自分たちも帰ろう。ノアはそう考えていたのではないか。ノアが再々度、鳩を放ったこと自体、そうして向こうの様子を確認したかったからではないのか。

　箱船を離れてしまっては、それを確認することができない。むろん、ノアは、鳩に戻ってきてほしくはないのである。箱船に鳩が戻ってくるかどうかに、希望のすべてがかかっていた……。

故郷に帰れるかどうかが、それで明らかになるのである。望郷の念が強ければ強いほど、そうして戻ってきてほしくはない鳩を、ノアは箱船で待ち続けざるを得なかった……。

そして、鳩は箱船に戻ってきてしまった。おそらく、痩せて疲れ果てた姿でである。その姿は、ノアに向こうでの生活のきつさと、向こうに行き着くまでの旅の行程のきつさを、彷彿とさせるものであったに違いない。ノアは帰ってきた鳩を見て、ショックを受けたに違いない。

むろん、敬虔な信者であるノアには、それは神の示したもうた「しるし」（サイン）として受け取られたはずだ。自分たちを神は見放したのか。いや、そんなはずはない。神は自分たちを見放したりはしない……。そうしてショックが大きければ大きいほど、ノアはこのとき、神に対する信と不信の間で揺れたに違いない。そして、また敬虔な信者であればあるほど、一時でも神を疑ったことを悔いたに違いない。

ノアはその心のかっとうを、神の示したもうた「しるし」（サイン）を解釈しなおすことによって乗り切ろうとしたのではなかったか。つまり、自分にこういい聞かせることによってである。自らが敬虔な信者であることの証としても、そしてまた同時にショックを緩和するための方便としてもである。

神が鳩を戻らせたもうたのは、故郷の地はすでに住むには適さない場所だ、きつい旅をして戻るには値しないところだということを知らせるためであると同時に、また神が私たちに、その故郷のそれよりももっと良い土地をもたらしてくれようとしていることを知らせようとしたものだ。

そうした「しるし」（サイン）としてあるに違いないとである。つまり、鳩が戻ってきた箱船のあるこの地こそ、その約束の地であるのではないかというように……。

ノアは、鳩が戻ってきたことをそうした神の啓示として、自分に都合のいいように読みかえて、解釈しようとしたのではないか。故に、ノアたちは箱船を出た後、この地に定住することになったのではないか。そして、ノアは農夫となり、葡萄畑を作ることになったのではないか。

さて、筆者は、この「ノアが農夫となり、ぶどう畑を作り始めた」（「創世記」第九章二十節）という一節は、一般には「（ノアこそが—筆者補足）ぶどうの栽培を最初に始めた人物だという意味に解釈されている」と述べた。そのことについて、ちょっと補足しておこう。

というのも、聖書の年代学に照らしてみると、この解釈には無理があるからだ。

ぶどうの栽培は、聖書の年代学において推定されるノアの時代よりずっと以前から行なわれていたはずだ。その歴史は、農業が成立した時代にまで溯れるはずである。事実、「紀元前二四〇〇年（聖書の年代学によればこの頃大洪水が起こった）頃のエジプトの記録を見れば、ぶどうの栽培がすでにかなり昔から行われ、十分に発達した農業の一形態だったことがわかる」（同上）はずである。ノアに、そのプライオリティがあるわけではない。

ところで、鳩が箱船に戻ってきた日が、箱船から出るようにと神に命じられた二月二十七日に近いある日、あるいは二月二十七日当日であったと、どうしていえるのか。筆者はそれについて、まだ明確に述べていない。そう思われる読者諸氏もおられるかもしれない。しかし、すでに明らかだろう。

　箱船から出たいにもかかわらず、ノアは鳩が帰ってくるかどうかを確認したいがために、箱船から離れることができなかったのだ。故に、鳩が帰ってきたならば、その時点で箱船にいなければならない理由も消失する。つまり、それからあまり時をおかぬうちに箱船を出たであろうと考えられるからだ。というのも、ノアは神から、「自分が出るようにいうまで箱船から出るな」とは命じられていない。故に、神の「箱船を出なさい」という言葉を待つ必要はなかったのである。

　もし、命じられていたのならば、敬虔な信者であるノアは、もとより鳩を放ったりはしなかっただろう。そうして、外の様子を確かめようとすることなどはである。神からの言葉を、じっと箱船のなかで待っていたに違いない。

　仮に、そう命じられていたにもかかわらず、ノアが鳩を放ったのだとしたならば、そうして外の様子を確かめようとしたのであったのならば……。鳩に帰巣本能があることを知った上で、とりわけ三度目にこうして結局は箱船に戻ってくることになる鳩を、それでも放ったのだとしたならば……。それは、次のように考えざるを得ないだろう。つまり、その行為とは、ノアの消すことのできない望郷の念のなせる業としてあったのではないかとである。神への信仰に勝る、ノアの望郷の念の強さを示すものとしてである。そう、解釈せざるを得ないだろう。

さて、こうして二羽の鳩は再び箱船において出会い、ノアの家畜として繁殖することになったのだ。

いや、ノアはもとよりここで、鳩という種を絶やすわけにはいかなかったはずだ。鳩は神への供犠に使用する鳥だからである。筆者は先に、聖書のなかに出てくる「鳩」について紹介しておいた。その際、供犠に使用されるものとして「鳩」が出てくる記述についても、紹介しておいた。当時の人々は、そうして事あるごとに、鳩を犠牲《いけにえ》として捧げていたのである。つまり、それだけ需要があったということだ。すぐに手に入れられなければ困るだろう。そのためにも、家畜でなければならない。絶やしてしまうことはできない。

このことからも、二羽の鳩は箱船において、出会えなければならなかったのだ。

むろん、鳩が神への供犠として使用され続けたのは、このときの二羽の鳩をもって、ノアが家畜として繁殖させることに成功したからであろう。それが広まったのだ。

そして、やがて何らかの事情で再び野生化せざるを得なくなった鳩たちもいた。それらが繁殖して、今日、土鳩（ドバト）と呼ばれる鳩になったのである。「生めよ、増えよ、地に満ちよ」という神の言葉は、こうして鳩についても実現することになったのだ。

しかし、その実現は今日、いささか度を過ぎた嫌いがある。この日本においても、今では鳩は嫌われ者だ。

「狩猟鳥獣の種類の変更についての答申／昭和五六年二月一七日　自環審七五号／環境庁長官

あて自然環境保全審議会会長より」という文書から、引用しておこう。

〈昭和五四年九月二八日諮問第五号をもって諮問のあった標記のうち、ドバトを狩猟鳥獣に加えることについては、本審議会において慎重に審議した結果、左記のとおりとすることが適当であるとの結論を得たので答申する。／なお、本答申を行うに当たり、ドバトによる被害の防止について、次のように意見をとりまとめたので、付言する。／都市部をはじめ全国各地に増大しているドバトによる被害の状況からみて、ドバトが国民生活の環境要素として望ましい状態に改善され、維持されるよう関係機関との連携のもとに、国民各層の理解と協力を得ながら、有害鳥としての駆除を被害状況に応じて積極的に行うとともに、飼鳩の適正管理、ドバトに対する過度の給餌の防止等の広範な対策を進めていくことが適当である。／記／ドバトは、従来より都市地域の国民生活にうるおいをもたらすものとして親しまれてきたが、近年の状況をみると、人為的な影響を受けてその生息数を増加し、これによる被害が個人生活、工場、交通機関、農業等各方面に及んでおり、これらの被害を防止するためドバトの生息数の調整を図ることが必要となっている。／このための手段として、ドバトを狩猟鳥獣に加えるべきであるという意見もあり、これは被害防止の一方策としてうなずけるものがあるが、ドバトとレース鳩等の飼鳩との判別が必ずしも容易でないこと等の問題があるので、当面、ドバトを狩猟鳥獣に加えることは見合わせるべきである。〉（以下、「ドバト問題に関する環境庁の対応策及び関係省庁、関

係団体に対して要望する事項」については省略)〉

この「自然環境保全審議会会長より」の「答申」を受けて、環境庁は次のような「都道府県知事あて環境庁自然保護局長通達」(環自鳥32号)を出している。公布日は、「昭和56年3月2日」だ。

〈ドバトを狩猟鳥獣に加えることについては、昭和五四年九月二八日自然環境保全審議会に諮問し、慎重に審議が行われてきたところであるが……昭和五六年二月一七日同審議会から答申があり、ドバトとレース鳩等の飼鳩との判別が必ずしも容易でないこと等の問題があるので、当面、ドバトを狩猟鳥獣に加えることは見合わせることとした。/しかし、都市部をはじめ全国各地に増大しているドバトによる被害の状況からみて、これが防止を適切に図るためには広範な対策を実施する必要があり、関係各機関の協力が不可欠であるため、別添の「ドバト問題に関する環境庁の対応策及び関係省庁及び関係団体に対して要望する事項」により、関係省庁及び関係団体に対して、対策の実施を要望したところである。/ついては、貴職におかれても、関係機関との連携のもとに、左記事項について適切に対処されるよう、特段の御配慮をお願いする。/記/一　市町村等の協力を得て、ドバトの生息状況及びドバトによる被害の実態を一般に広く周知せしめ、とくに飼養に際しては責任をもって管理するよう、また、被害発生地域又はそのおそれのある地域においては、みだりに給餌を行わない等の啓蒙を行うこと。／二　被害発生地域又はそのおそれのある地域において、市町村、農業関係団体、食糧倉庫管理者の協力を得て積極的に駆除を実施すること。／三　被害発生地域又はそのおそれのある地域の都市公園管理者、食糧倉庫管理者、社寺の協力を得て、被害防除策を実施すること。／四　都市地域での有効な捕獲方法の研究、開発を行うこと。〉

こうして、すでに一九八〇年頃には、土鳩（ドバト）を「狩猟鳥獣」に入れるかどうかが審議されるまでになっている。このときは、それについては見送られることになった。しかし、「有害鳥としての駆除を被害状況に応じて積極的に行う」べきだとされ、駆除の対象にされている。

増えすぎたことが、その一番の理由であることはいうまでもない。そのことにより、人間の住環境との住み分けが、うまくいかなくなったということだろう。しかし、増えすぎたのは何も鳩の罪ではない。そのことは「自然環境保全審議会会長より」の「答申」も、「人為的な影響を受けてその生息数を増やし」と、認めているところである。

しかし、「都市地域の国民生活にうるおいをもたらすものとして親しまれてきた」土鳩（ドバト）を、増えすぎら、今度は迷惑なので駆除するという。人間とは何とも身勝手な生き物である。キリスト教者は、「生めよ、増えよ、地に満ちよ」と命ぜられた神の意思に反する行ないだとして、駆除に反対したりはしないのだろうか。あるいは動物愛護団体は……。いや、これは筆者の戯言である。聞き流してほしい。

箱船にはどれだけの動物が乗ったのか

ところで、ノアの箱船は、見てきたように「長さは三百キュビト、幅は五十キュビト、高さは三十キュビト」の大きさであった。

ここにいう「キュビト」という単位は、人間の肘から中指の先までの長さのことである。一キュビトは、だいたい四十五センチから五十五センチ。その中間値五十センチで計算すると、ノアの造った箱船は全長百五十メートル、横幅二十五メートル、高さ十五メートル、二万トン級の大きさを持つ船に等しいことになる。むろん、箱船には航行する設備はない。ただ浮揚にたえる大きな箱のようなものであった。筆者が「箱船」という表記を採用したのは、そのためである。

さて、このノアの箱船には、地上に住むありとあらゆる鳥や獣やその他生き物の雌雄一対が乗せられていたとされている。聖書編纂者たちは、なぜそんな馬鹿なことを記したのだろうか。箱船がいくら大きいといったところで、高が知れている。そんな多くの生き物を乗せられるわけがない。読者諸氏もまた、そう思うだろう。

しかし、こんな計算をする人がいる。ティム・ラヘイとボブ・フィリップスの書いた小説『ノアの箱舟の秘密』の主人公・マーフィーだ。作中の彼は、大学で聖書考古学を講義する教授という設定になっている。彼は、学生たちからこんな質問を受ける。

〈「ずっと、（皆で―筆者補足）ノアの箱舟のことを話しあってたんです。聖書に記されているとおりのことがほんとうに起こったんだろうかとか、ノアはすべての動物をどうやって箱舟に乗せることができたんだろうかとか。どうなんでしょう？」〉

学生たちとのやりとりの場面を引用しておこう。

〈「いい質問だ」／ブリーフケースに手をのばしながら、マーフィーは言った。ブリーフケースを開いて、フォルダーをひとつ、とりだす。フォルダーをぱらぱらやって、一枚の紙片を抜きだした。／「ここに、エルンスト・マイアのつくったリストがある。耳慣れない名だろうが、彼はアメリカでも屈指の分類学者でね。動物の種の数をこういう一覧表にまとめたんだ。ちょっと見てみたまえ」／マーフィーは、その紙片を学生たちに手渡した。そこには、このように記されていた。∥動物の種の総計／哺乳類　3700種／鳥類　8600種／爬虫類　6300種／両生類　2500種／魚類　20600種／被嚢類等　1325種／棘皮動物　6000種／節足動物　838000種／軟体動物　107250種／蠕虫　39450種／腔腸動物　5380種／海綿動物　4800種／原生動物　28400種／総計　1072300

5種〟「百万をこえる種が！　それほどの数の種を乗せられるほど大きな舟なんて、だれにも造れないいんじゃない？　しかも、それぞれの種を一対ずつなんて？」学生のひとりが言った。／「膨大な数に思えるだろう」その点については、マーフィーも同意した。「しかし、言うまでもないことだが、洪水を生きのびさせるために箱舟に乗せなくてはならない種の数は、そう多くはない。魚類、被嚢類、棘皮動物、軟体動物、腔腸動物、海綿動物、原生動物、そして節足動物と蠕虫の多くは、海のなかにいたほうが好都合だったはずだからね。それに、箱舟のなかで生かしてやらなくてはならなかった動物には、鼠や猫、鳥や羊など、小型のものが多かった。つい、象やキリンや河馬といった大型の動物に目がいってしまうだろうが、そういうのは例外的な種でね。ほとんどの動物は小型だし、野外研究の専門家の多くは、箱舟に乗せられた動物の数は五万をこえることはなかっただろうと考えているんだ」／「それでもまだ、すごい数になりますよ！」別の学生が言った。／「たしかに。しかし、箱舟の内部は、意外に広かったんだ。想像しやすいように説明してあげよう。鉄道の平均的な家畜車の容積は、二千六百七十立方フィート。箱舟は、全長が四百五十フィート、高さが四十五フィート、幅が七十五フィートと推定されているから、容積は百五十一万八千七百五十立方フィートということになる。それを家畜車の容積、二千六百七十立方フィートで割ってみよう。すると、箱舟のなかには、五百六十九両の平均的家畜車が収容できるということになる。家畜車を二層式にすれば、羊サイズの動物なら、二百四十頭の個体を収容できる。そして、その二百四十に家畜車の数、五百六十九をかければ、十三万六千五百六十頭の動物が箱舟に収容できるということになる。箱舟に乗せられたと推定される動物の種の数の二倍、十万をそこから差し引いても、まだ、羊サイズの動物なら、三万六千五百六十頭を収容できる余地がある。箱舟の容積のうちの、動物のために供さねばならない部分は、七十三パーセントですんだということだね。あとの部分は、食料の貯蔵や、ノアとその家族の生活のためにふりむけなくてはならなかっただろう……」〉

一フィートは三十・四八センチメートル。マーフィーはここで、一キュビットを下限値の四十五センチで計算し、箱船を一万五千トン級の船に匹敵する大きさと見積もっている。

さて、マーフィーの計算どおりなら、ノアは地上に住むありとあらゆる生き物の種を守った功労者ということになる。が、やはりちょっと違うような気がする。たとえば、哺乳類は「３７０0種」ではないだろう。その数は、確か一万五千種ぐらいではなかったか。また、この「エルンスト・マイアのつくったリスト」の節足動物に含まれる昆虫だけでも、地球上には百万種以上が生息しているはずだ。そして、今日でも、新たな種が発見されたりもしている。このリストにあげられている他の類に属する種についても、実際にはもっと多いような気がする。

つまり、ノアが神の指示に忠実に従おうとしたのであったなら、箱船に収容しなければならなかった生き物の数は、マーフィーの計算した数の比ではなかったような気がする。当時は知られていない微生物については問わないとしても、またマーフィーのいう「海のなかにいたほうが好都合だったはず」の生き物を別にしたとしてもである。おそらく、二百万種以上の種を、箱船に収容しなければならなかったに違いない。そのほとんどが、仮に昆虫のような小動物であったとしてもである。

いや、ギリシア時代の哲人として知られるアリストテレスでさえ、紀元前三五〇年頃に書いたとされる文章のなかであげることのできた生き物の種の数は、約五百種ほどである。とするならば、旧約聖書の編纂者たちが思い描くことのできた生き物の数は、それよりも少ないものであっただろう。むろん、編纂者たちが、彼らの居住地区から遠く離れた土地、南北アメリカ大陸やオセアニア、東アジア、アフリカ大陸の南の方、さらには南極や北極に住む生き物の種に理解があったとは思えない。

つまり、聖書の編纂者たちに想定し得た生き物の種の数は、今日の筆者たちが知っているそれより、圧倒的に少なかったのである。故に、編纂者たちは、箱船に十分に収容可能だと考えてしまったのではなかったか。

さらにいうなら、収容する生き物が一番《つがい》ずつではまずいだろう。

一番ずつでは、想像を絶するような幸運が作用しない限り、その種が保存されるということはない。

生き物には、その種特有の「最小生存可能個体数」(minimum viable population)がある。鳥や哺乳類では数千個体であるといわれている。それよりも個体数が少なくなると絶滅しやすくなる。つまり、仮にノアが神の指示どおり、ありとあらゆる生き物を一番ずつ箱船に乗せることを実行したとしても、それは生物学的にはほとんど意味のない行為でしかない。

いくら神が、「あなたがたと共にいるすべての生き物、あなたがたと共にいる鳥、家畜、地のすべての獣、すなわちすべて箱船から出たものは、地のすべての獣にいたるまで、わたしはそれと契約を立てよう」（「創世記」第九章十節）といって、あらゆる種を保存すると約束したとしてもである。

もう少しいっておこう。これら箱船に収容された生き物に与える餌は、どうしたのだろうか。神はノアに命じている。

〈「……すべての食物となるものをとって、あなたのところ（箱船―筆者注）にたくわえ、あなたとこれらのもの（箱船に収容されたすべての生き物―筆者注）との食物にしなさい」。〉（「創世記」第六章二十一節）

ちなみに、創世記第一章二十九節から三十節に次のようにあるので、ここにいう食物は植物であると考えられる。

〈神はまた言われた、「わたしは全地のおもてにある種をもつすべての草と、種のある実を結ぶすべての木とをあなたがたに与える。これらはあなたがたの食物となるであろう。／また地のすべての獣、空のすべての鳥、地に這うすべてのもの、すなわち命あるものには、食物としてすべての青草を与える」。そして、そのようになった。〉

つまり、このときにはまだ人間は穀物や野菜や果実、そして他の生き物も同じように「青草」を食べていたのである。当時は人も含めたあらゆる生き物は皆、菜食であったのだ。

ちなみに、人間が肉を口にするようになるのは、大洪水後のことである。大洪水が終わり、箱船を出るようにノアたちに命じた神は、彼らに「もう二度と、このたびのようにすべての生き物を滅ぼさない」(「創世記」第八章二十一節)ことを約束する。とともに、ノアとその子らに「生めよ、増えよ、地に満ちよ」と祝福の言葉を与えている。そのとき、また神は彼らに肉食を許したもうたのだ。「創世記」第九章三節から四節を引用しておこう。

〈すべての生きて動くものはあなたがたの食物となるであろう。さきに青草を与えたように、わたしはこれらのものを皆あなたがたに与えよう。／しかし肉を、その命である血のままで、食べてはならない。〉

さて、仮にそうであったとしても、つまりこのときにはまだ「人も含めたあらゆる生き物は皆、菜食であった」のだとしても……。だから、どうという問題ではない。ノアたちはこのとき、自分たちの食物となる植物はもとより、これら二百万種以上の生き物を養うに足る十分な量の植物を集めなければならなかったのである。箱船には陸上のあらゆる生き物が乗せられていたのだから、それら生き物の口にあう陸上のあらゆる種類の植物を集めなければならないということになる。つまり、陸にあるすべての植物をといっていいだろう。陸にある植物の種の数は、おそらく三十万に近いのではないか。

それも、その食物を集めなくてはならなかった時点では、洪水はどれだけの期間続くのかは不明なのである。神はその期間を、ノアたちに明らかにしていない。いったいどれだけの量の植物を、食物として箱船に備蓄しなければならなかったのか。集めなければならない植物の種類の数は別にしてもである。ノアは呆然としたに違いない。

いや、もとより聖書の編纂者たちにとって、この地上の生き物の数は五百種よりも多いものではなかった。であるならば、あるいは可能であったかもしれない。むろん、冷蔵庫があるわけではないのだから、それらの食物が保存できる期間は限られるはずだなどということは、いわないとしてである。

聖書にも、こうある。

〈ノアはすべて神の命じられたようにした。〉(「創世記」第六章二十二節)

しかし、それでは飲水は……。

聖書「創世記」には、食物についての見てきたような記述はあるが、飲水についての記述はない。

先に引用した『ノアの箱舟の秘密』という小説のなかの主人公・マーフィーも、この飲水の問題について、学生たちから突っ込まれている。

〈「箱舟にはあらゆる種を乗せられるほどの広さがあったってことは、よくわかりましたが、その膨大な数の動物に飲ませるための水はどこで手に入れたんでしょう? 箱舟は海に流されて、そこには塩水しかなかったんじゃないですか?」〉

しかし、飲み水については心配する必要はない。マーフィーは、こんなふうに答えている。

〈「洪水をもたらした水のほとんどは雨水だったことを思い出してくれ。もっとも高い山脈をもおおうほどの水となれば、海水は飲用できるまでに塩分が薄まっていただろう。それに、屋根に落ちてくる雨水を集めて、箱舟の貯水槽にたくわえるということもできたはずだしね」〉

さて、ここにマーフィーがいうように、確かに聖書「創世記」には、その洪水によって「もっとも高い山脈をもおおうほどの水」が出たと記されていた。ここでもう一度、それらの一節（第七章十七節〜二十節）を引用しておこう。

〈（雨は四十日四十夜、地に降りそそいだ。そうして——筆者補足）水が増して箱船を浮かべたので、箱船は地から高く上がった。／また水がみなぎり、地に増したので、箱船は水のおもてに漂った。／水はまた、ますます地にみなぎり、天の下の高い山々は皆おおわれた。／水は山々の上にみなぎり、十五キュビトの深さで山々をおおった。〉

たとえば、世界一高いエベレスト山（標高八千八百四十八メートル）よりも十五キュビト（七・五メートル）高いところまで、水が増していたのだと考えてみよう。つまり、海面がそこまで上昇したとだ。むろん、あり得ない話である。そのためには、地球上の全水量の三倍から四倍の水が必要だと考えられるからだ。

このヒマラヤ山脈にそびえるエベレスト山の存在を、当時の聖書編纂者たちは知っていただろうか。いや、その存在は知らなかったとしても、コーカサス（ロシア名、カフカズ）山脈の最高峰エルブルズ山（五千六百四十二メートル）の存在は知っていただろう。コーカサス山脈は、ギリシア神話のプロメテウスが縛りつけられたとされている場所だ。ちなみに、ノアの箱船がその山頂に漂着したとされるアララト山（五千百六十五メートル）は、この山脈の南方に位置している。このコーカサス山脈のエルブルス山を「十五キュビトの深さ」で覆う水の量と考えてみてもいい。どちらにしろ、あり得る話ではない。

洪水の後、その水はどこに行ったのかと考えてみてもいい。その答えを得ることはできないだろう。故に、アイザック・アジモフはその著『アジモフ博士の聖書を科学する』のなかで、洪水は全世界的規模のものではなく、「実際には、チグリス＝ユーフラテスの谷に限られていた」のではないかと述べている。

〈大洪水か津波か、あるいはその両方が起これば、たしかにこの地域はすっかり水浸しとなってしまうだろう。／恐怖におののいた生存者の目には、たしかに「天の下の高い山々は皆」おおわれたように見えただろう。紀元前二八〇〇年当時のシュメール人の全世界とは、せいぜい限られた範囲のものだったに違いないのだから。〉

ここに「紀元前二八〇〇年当時のシュメール人の全世界とは……」とあるのは、実際にその頃、チグリス・ユーフラテス川の流れるこの地に、洪水があったということに基づいている。シュメールの古記録には、その洪水についての記述が見られる。そして、事実、その当時の年代の地層からは洪水の痕跡が見つかってもいる。アジモフは、聖書「創世記」に描かれた大洪水は、このときの洪水のことなのではないかと考えているのだ。

アジモフのいう「シュメールの古記録」とは、「シュメール王名表」と呼ばれる粘土板のことだ。シュメールを治めた王の名を記したものである。いや、シュメールでは、それぞれの守り神とその神殿を持った独立した都市国家が、互いに勢力を競いあっていた。ここに出てくる都市名や王の名は、故にそのときどきにもっとも勢力のあった都市名や王の名を記したものだと解釈すべきだ。そうした記録に、大洪水のことが歴史をわかつ一大転機のように記されているのである。

〈王権が天から降って、まずエリドゥにあった。エリドゥではア・ルリムが王となり、二万八千八百年統治した。アラルガルは三万六千年統治した。二王は六万四千八百年統治した。／大洪水が地を洗い流したのち、王権が天から降り、それはまずキシュにあった。／キシュは戦いで敗れ、王権はウルクの聖所に移された。そこでは日神ウトゥの子、メス・キアグ・ガシェルが王と祭司を兼ね、三百二十四年統治した。／ウルクは戦いで敗れ、その王権はウルに移された。ウルではメス・アンネ・パタが王となり、八十年統治した。……四人の王が百七十七年統治した。ウルは戦いで敗れた。〉

彼らのシュメール文明において、はじめて文字（楔形文字）が発明された。彼らはチグリス・ユーフラテス川の河口に近い地域に住み、川の水を利用して農業を行ない、家畜を飼って生活していた民族である。彼らが文字を発明したことで、それまでの口承による昔話や英雄伝説などが、後世まで残ることとなった。

さて、この王名表には、洪水前の王については何万何千年も統治したように記されている。しかし、洪水後の王については、それほど長く在位した王の記録はない。そのことに注意してほしい。この洪水こそが、彼らの先史時代と歴史時代とをわけるものなのだ。

ちなみに、この「洪水の痕跡」と思われるものを最初に発見したのは、イギリスの考古学者サー・チャールズ・レナード・ウーリーである。一九二九年のことだ。彼はユーフラテス川近くのシュメールの都市ウルの遺跡（テル・エル・ムッカイヤールと呼ばれる丘）で、初期王朝時代の王家の墓地の発掘作業を、ほぼ終了しようとしていた。そのとき、その墓群の層よりも下層の状態も見ておこうと、下に向かって小さな試掘坑を掘っていった。洪水の痕跡は、その際に偶然に発見された。

ウーリーはそれを発見したときの様子を、自著『ウル』のなかで次のように書いている。彼は、ウル第一王朝（シュメール初期王朝の一つ）時代の始まりを、現在いわれている紀元前二七〇〇年よりも数百年溯った時代に想定している。古代オリエントの遺跡の特徴は、一つの遺跡にいくつもの時代の住居址が幾層にも重なって、丘のようになっていることだ。そして、「王墓」は地下深くに構築された墳墓群としてある。読者諸氏には、それらのことを念頭に置いて読んでほしい。

〈一九二九年、ウルでは「王墓」の発掘作業がもう終りに近づきつつあった。私は、そのころ手にしていた証拠から、この王墓がウル第一王朝より以前のもの、だがほんのすぐ前の（紀元前三五〇〇年〜三二〇〇年頃の─筆者補足）ものだと確信していた。また、王墓のかずかずの墓からさがしだされた財宝は、おどろくほど高度な文明のすがたを描きだしていた。それゆえ、それほどのレベルの芸術や文化がどんな段階をふんで到達されたのか、その跡をたどることは、ますます重要になっていた。それはつまり、もっと掘り下げねばならない、ということらしかった。だがそのまえに、下層にむけて小規模なテストをするのもよい、──それなら、時間も費用も最小限ですむのだ。こうして、まず墓群の発見された層面の下を出発点として、私たちは小さな竪穴を、最初のところでも五フィート四方もない小さな穴を下方の土にうがち、やがて、入りまじった層の中を掘り下げていった。こういう層は古い居住地域に特有のものだが、くずれて土にかえった泥煉瓦、灰、それにこわれた土器などの混りあいで、どうみても墓はこの中に掘りこまれたもののようだった。この層は三フィートほどもつづいて、不意にすべて姿を消した。もう土器の破片もなく、灰もなかった。あるのは水に沈積された清らかな泥だけ。そして、竪穴の底にいるアラビア人の人夫は、もう処女土（人手のふれていない土）に届きました、と私に呼びかけた。これ以上掘ってもなにも見つかりません、と。／私は降りていった。

状況をしらべて、人夫のいうとおりだと認めた。だが、つぎに水準を測ってみると、その「処女土」というのが、私の予想した深さにはとても足りないのを発見した。なぜなら、私の仮定によれば、元来のウルは小山の上にではなく、まわりの湿地帯からわずかに突き出しただけの低い丘に建てられたのであったからだ。そして、はっきりした証拠もなしに自分の理論をくつがえされるのはいやだったから、私は、持場にかえって掘りつづけるように、人夫にいった。まったくしぶしぶもので、彼はそうした。また、掘り返してもきれいな土ばかり、人間の行為のしるしはなにもでてこない――彼はそうやって、まるまる八フィートも掘っていったが、突然に、燧石《ひうちいし》の道具が、そして彩色されたアル・ウバイド式土器の破片が現れた。私はまた竪穴に降り立って、その側面を調べた。そして、ノートをとり終えたときには、これらすべてがなにを意味するのか、もうはっきり確信をもっていた。〉

つまり、ウーリーは、この八フィート（約二・四メートル）の厚さのある「まじりけのない粘土層」こそ、聖書「創世記」に描かれた「洪水の痕跡」であると考えたのだ。その層は、洪水によって運ばれてきた粘土の堆積したものだと思われたからである。その下から現われた石器や土器こそ、洪水にあった人たちが使用していたものであったのではないか。ウーリーは団員二人を呼んで、その考えを説明した。団員二人は何と答えてよいか分からず、考え込んでしまった。しかし、そこにウーリー夫人がやってきたので意見を聞くと、夫人は「ええ、もちろんあの『大洪水』ですわ」と答えたのである。
ウーリーは翌年、今度は大きな竪穴を六十四フィートまで掘り下げて、再度「洪水の痕跡」を確認するとともに、次のように結論した。聖書「創世記」に描かれた大洪水は、粘土層の上下の地層の遺物からして、ウバイド期（メソポタミアの原始農村時代）の末期より以前、紀元前三五〇〇年頃に起きたものだ。堆積した粘土の厚さなどから見て、大洪水は深さ二十五フィート（約七・六メートル）を下らないもので、平坦なメソポタミアではその深さの水が出たとすると、長さ三百マイル（約四百八十キロメートル―筆者注）、幅百マイル（約百六十キロメートル―筆者注）におよぶ地域が水の下に沈んだことだろうと……。

〈それは全世界にわたる大洪水ではなかった。ティグリスとユーフラテスの河谷におこり、山々と砂漠の間の、人の住みうる土地すべてを呑みつくした、巨大な一洪水であった。だがそこに生きる人々にとっては、それこそが全世界であったのだ。うたがいもなく、この（地域の―筆者補足）人々のほとんどは滅び去っただろう。〉

さて、その後も考古学者たちの発掘は続いた。そして、キシュ、シュルッパク、ウルク、ラガシュ、ニネヴェの発掘地で、次々と大洪水の痕跡と認められる沈積層が発見されることになる。
ここで、それら一つ一つについて触れているわけにはいかないので、詳しくは専門書を見てほしい。これらのうち、ウルと同時代のものとして推定されるのは、ニネヴェのそれである。シュルッパクやウルクなどのそれは、もう少し時代が下ったシュメール初期王朝時代の初期、紀元前二八〇〇年頃のものと推定されている。

メソポタミアには、こうして二度、大きな洪水があったことが分かっている。ウルやニネヴェでその痕跡が見つかった紀元前三五〇〇年頃のものと、シュルッパクやウルクなどでその痕跡が見つかった紀元前二八〇〇年頃のものとである。

さて、そのどちらが聖書「創世記」に描かれた大洪水のモデルとなったものなのだろうか。ウーリーがいうように、聖書「創世記」の大洪水のモデルは、紀元前三五〇〇年頃のそれなのだろうか。それとも、アジモフがいうように、紀元前二八〇〇年頃のそれで、王名表に記されたそれと一致するものなのだろうか。

この件については、後にもう一度触れることになるだろう。

さて、こうして見てくると大洪水は全世界的なものではなく、メソポタミアの地に限られたものであったといわざるを得ないだろう。アジモフも述べている。「紀元前二〇〇〇年代にそのような広範囲の水害があったことを示すような気配は何ひとつないのだ。たとえば、エジプト史は紀元前三〇〇〇年から前二〇〇〇年まで、記録の中断もなければ洪水についての言及もなしに続いている」（『アジモフ博士の聖書を科学する』）。

いや、聖書はもとより、筆者たちが今日「中東」と呼んでいる地域についてだけ、語っているのかもしれない。バベルという町から人々が世界中に散るまでは、人間の居住地はこの地域に限られていた……。

バベルの塔の話は、「創世記」第十一章一節から九節にある。

〈全地は同じ発音、同じ言葉であった。／時に人びとは東から移り、シナルの地に平野を得て、そこに住んだ。／彼らは互いに言った、さあ、れんがを造って、よく焼こう。こうして彼らは石の代わりにれんがを得、しっくいの代わりにねば土《スライム》を得た。／彼らはまた言った、さあ、町と塔を建てて、その頂を天に届かせよう。そしてわれわれは名を上げて、全地のおもてに散るのをまぬがれよう。／時に主は下って、人の子たちの建てる町と塔とをご覧になった。／そして神は言われた、民は一つで、みな同じ言葉である。彼らはすでにこの事をしはじめた。彼らがしようとする事は、もはや何事もとどめえないであろう。／さあ、われわれは下って行って、そこで彼らの言葉を乱し、互いに言葉が通じないようにしよう。／こうして主が彼らをそこから全地のおもてに散らされたので、彼らは町を建てるのをやめた。／これによってその町の名はバベル（「混ぜる」、「混乱させる」の意―筆者注）と呼ばれた。主がそこで全地の言葉を乱されたからである。主はそこから彼らを全地のおもてに散らされた。〉

このバベルの塔は、「バビロンの遺跡の発掘調査の結果、バビロンの都城のマルドゥクの神殿エサギラ（『頭を高くあげた者の家』の意）の北方エテメナンキ（『天と地との基《もとい》の家』の意）と呼ばれる段塔（ジッグラト──筆者注）と同定されている」（高橋正男『聖書の原型99の謎』）。バビロン第一王朝時代（紀元前十九世紀〜前十六世紀）に、「シュメール人によって起工されたものであるが、セム人の侵入による政治的諸変動のため竣工に至らず……その後、再建築が試みられたがいずれも不成功におわり、ようやく紀元前六世紀にネブカドネザル二世（前六〇四〜前五六二）によって修復された」（同上）のだという。塔は「徐々に小さくなる七層の階から成っていて、その一つ一つが惑星を表していた。最下層は約九十メートル平方で、約九十メートルの高さで空高くそびえていた。当時の技術を考えれば、それだけの物を建てたということは目を見張るような偉業である。この塔は当時、南西アジア最大の建造物だった」（アイザック・アジモフ『アジモフ博士の聖書を科学する』）。

それが聖書「創世記」においては、大洪水後に再び人間の傲慢が目に余るようになったことに対して怒った神が、審判を下した話として描かれる。神は人間が共同で事に当たる力に恐れをなしたのか。いつか塔を伝って、天に攻め込んでくるとでも思ったのか。「彼らの言葉を乱す」、つまり互いに言葉が通じないようにして、人間が共同して事に当たることができないようにしてしまう。と同時に、人々を「全地」（全世界）へと散らしてしまう。

つまり、それまでは人間は皆、この辺りに住んでいた……。聖書編纂者たちは、そう考えていたのではないか。というのも、このバベルの塔の話までは、この地域に限られた話しか、聖書に記されてはいないからだ。

「洪水の直後、一つの家族として存在していたのなら、彼らとそのすぐあとの子孫はみな、当然同じ言語を話していただろう」（同上）という前提のもとに、バベルの塔の話は書き出されている。そのことに照らして考えてみても、アジモフやウーリーがいうように、大洪水はメソポタミアの地に限定された話だったと考えていいのかもしれない。人々を滅ぼすのに、神はメソポタミアの地にだけ洪水を起こせば足りたのだ。では、そのときいっしょに滅された動物についてはどうか。動物もまたこのメソポタミアの地にだけ生息していたのだと、聖書編纂者たちは考えていたのだろうか。然り、そう考えざるを得ないであろう。

しかし、ここでは聖書「創世記」の言葉を、そのまま受け取ることにしよう。神が大洪水をもって示された警告が、ユダヤ人に対してだけではなく、全人類に向けられたものだと考えたいからだ。そのためには、当然、大洪水は全世界を覆ったものでなければならない。故に、このとき確かに、「もっとも高い山脈をもおおうほどの水」が出たのだとして話を進めよう。雨は四十日四十夜降り続いたのだ。そして、百五十日間、水は地にみなぎったのだ。全世界は水の底に沈み、このとき生き物はすべて滅んだのである。

ちなみに、聖書「創世記」は、こうしてバベルの塔の話以前は言語は一つであったという前提のもとに記されているが、むろん事実は違う。アジモフも述べている。「大洪水が起こったとされている紀元前二四〇〇年頃のこの地上には、当時の中東諸文明に知られていた限られた地域だけでも、すでに数多くの言語が存在していたことは疑問の余地がない。シュメール語、アッカド語、エジプト語などは互いに根本的に異なる言語であり、中東以外の地域には、何千とまではいかなかったにしても、何百種もの互いにまったく通じない言葉が存在していたことは確実だ」（同上）。

いや、アジモフのいう数字も違っているのではないか。アジモフは中東以外の言語の数について、「何万とまではいかなかったにしても、何千種もの互いにまったく通じない言葉が存在していたことは確実だ」と書くべきではなかったか。聖書は今日（二〇〇七年現在）、二千三百七十七の言語に翻訳されている。そのことから類推してもだ。

むろん、言語については、聖書「創世記」のこのバベルの塔の物語の記述のように、一つのものがいくつもに分化したと考えるよりも、無数の言語がまず先にあったと考えるべきだろう。そして、文明（あるいは戦争と侵略）こそが、そうした言語を整理・統合していく役目をはたすものとしてあったのだとだ。聖書における唯一神以前には、無数の神々が存在したように、言語もまた無数に存在していたのである。言語に関する聖書の考え方は、逆転しているのである。

さて、マーフィーが大学の教室で学生たちから質問を受けている、その場面をもう一度思い起こしてほしい。それら学生とのやりとりのなかには、気になることがまだある。

たとえば、飲み水のことでマーフィーに質問している学生の言葉に、「箱舟は海に流されて」とあった。しかし、これはおかしい。箱船は、アララトの山の上にとどまったのである。そのことから分かるように、箱船は山の方に、内陸に向かって流されたのである。

また、マーフィーが学生たちの質問に答えたなかで、「洪水をもたらした水のほとんどは雨水だったことを思い出してくれ」と語っているが、これについても筆者は異論を唱えたい。

では、なぜ箱船は山の方に流されたのか。

いや、地球をそれだけの水が覆っていたのだから、海の方に流れるも山の方に流れるも関係がないといえば、もちろんそうなのだが……。

これらのことについては、後に第四章で見ていくことになるだろう。

さて、マーフィーにすっかり感化された学生たちは、やがて教室でも積極的に発言するようになる。その様子を描いた場面を引用しておこう。

〈「マーフィー先生、科学者があちこちの山の高いところで海生生物の化石を発見していることを知って、びっくりしました。その事実は、地球のすべての山をおおうほどの全面的な洪水があったという考えを裏づけるものだと思います」／彼（マーフィー――筆者注）はうなずいた。／「サム、きみも発言したいと?」／「はい。ぼくの調査でも、ジルと同じようなことが見つかりました。アララト山の近辺にある山脈の標高一万フィート（約三千メートル――筆者注）

のところで、海生生物の化石が発見されています。その山脈は、ペルシャ湾から三百マイル（約四百八十キロメートル―筆者注）の内陸に位置しているんです」／またひとつ、手が挙がった。／「標高五千フィート（約千五百メートル―筆者注）のところにあるドゥバヤジット・ホテルの裏手で、カシパンウニとハマグリの化石が発見されたという記事が見つかりました。ドゥバヤジットはアララト山のふもとの町です。その記事のなかで、トルコの内務相と国防相が、タツノオトシゴなど、海を起源とするさまざまな生物の化石が、アララト山の標高一万四千フィート（約四千二百メートル―筆者注）のところで発見されていると述べているんです」／「マーフィー先生！　ぼくもいい情報を見つけました。オランダの雪氷学者、ニコラス・ヴァン・アークルが、アララト山のアホーラ峡谷の西端にある平たい岩の近辺で魚や貝の化石を写真に撮っているんです」／講義室のいたるところで、つぎつぎに手が挙がりはじめる。マーフィーはおおいに満足して、ひとりうなずいた。まちがいなく、学生たちは想像力をかきたてられたのだ。〉

この海生生物や貝の化石の存在が、山を覆うほどの洪水が確かにあったことを、そのまま裏づける証拠とはならないことはいうまでもない。もし、そうなら、ヒマラヤ山脈の上の方でも海生生物や貝の化石が見つかるのだから、実際ヒマラヤ山脈のそこまで覆うほどの水が出たのだということになってしまう。山脈の高いところで見つかる海生生物や貝の化石は、その山脈がプレート流動によって隆起したものであることを示していると考えられる。それを学生たちに指摘せず、一人「おおいに満足して」いるマーフィーは、教師失格だといわざるを得ないだろう。

　それに化石の年代と、聖書「創世記」に描かれた大洪水の年代とは、考えるまでもなく年代が違いすぎる。

第三章　鳩はどこからオリーブの葉をくわえてきたのか

鳩は洋上を飛ぶことを嫌う

ところで、ノアの箱船から放たれた鳩は、いったいどこからオリーブの若葉のついた小枝をくわえて帰ってきたのだろうか。

筆者は前章において、箱船の大きさについて述べておいた。

その大きさは、「全長百五十メートル、横幅二十五メートル、高さ十五メートル、二万トン級の船の大きさを持っていたことになる」と。

それは、この、「鳩は、いったいどこからオリーブの若葉のついた小枝をくわえて帰ってきたのだろうか」という問題に、筆をつなげたかったからでもある。

箱船から放たれた鳩は、いったいどれだけの距離を往復したのか。どれだけ離れたところに、その水面から突出した場所を、若葉の芽生えたオリーブの樹の生えている場所を発見したのか。

順に考えていこう。

ヒントになるのは、箱船の大きさではない。箱船の十五メートルという高さの方である。

たとえば、箱船の一番高いところにノアが立ったとする。そのときのノアの視線の高さは、箱船の高さ（十五メートル）に足すところのノアの目の高さということになる。それは、約十六・

五メートルであったとする。すると、ノアが箱船の一番高いところに立って見渡せる範囲は約十四・五キロメートルだ。

円に接線を引き、円の中心からその円周上の接点へ向けて直線を引く。すると常に直角に交わる。故にその値（ある高さから見渡せる範囲）は、ピタゴラスの定理を使って計算できる。

つまり、「地球の中心から地表までの距離（≒6371km）」と「高さ（H）」の和を二乗したものが、「地球の中心から地表までの距離（≒6371km）」の二乗と「その高さから見渡せる地点を結んだ線（D）」の二乗との和に等しい。ただし、ここにいう「地表」は、現在値における海抜0《ゼロ》メートルとする。つまり、地球上を数千メートルの厚さで覆った水のことは考えないこととする。

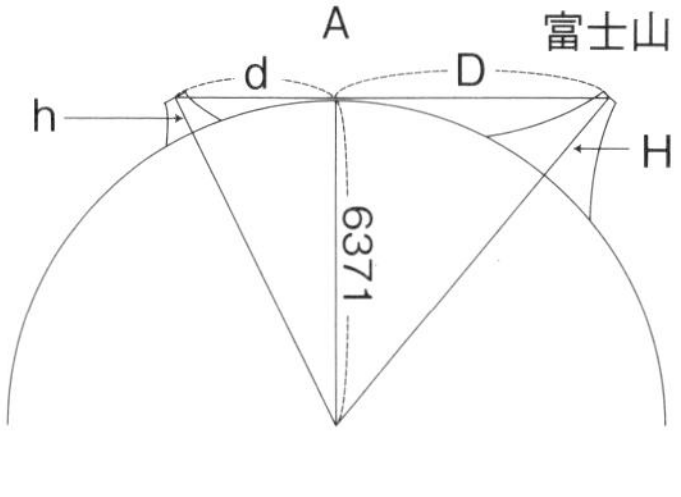

図１　限界距離の考え方

$$(6371+H)^2=6371^2+D^2$$

故に、「$(6371+0.0165)^2=6371^2+D^2$」を解けばいい。

なお、ピタゴラスの定理に基づくこの式からは、次の一般式が導かれる。この一般式に代入すれば簡単にその値を算出できる。

$D=3.57\sqrt{h}$（「h」の単位は「km」ではなく「m」）

つまり、先の式の値はこうなる。

$$D = 3.57\sqrt{16.5}$$
$$= 14.50104\cdots\cdots$$
$$\fallingdotseq 14.5\text{km}$$

いや、「h」に代入しなければならない数字は違うかもしれない。

ノアは箱船を神に命じられたように造った。「箱船の長さは三百キュビト、幅は五十キュビト、高さは三十キュビトとし、／箱船に窓を造り、上へ一キュビトにそれを仕上げ……」(「創世記」第六章十五節〜十六節)。

ノアが外の世界を眺められるのは、この窓をとおしてだ。箱船の上に立ったりしたわけではない。ノアが箱船の覆いを取り除いたのは、ノア六百一歳の一月一日だ(「創世記」第八章十三節)。つまり、それまでは覆いをした箱船のなかに、ノアはいたわけだから……。

となると、この「創世記」の一節を、どう解釈するのかということが問題になる。「上へ一キュビトにそれを仕上げ」の「それ」が、「窓」を指すとしたならば、箱船の高さ三十キュビトよりも高いところに窓がプラスアルファされていたことになる。窓の上限が一キュビトの高さになるようにだ。しかし、この「それ」は、「箱船の高さ」を指すものであろうとの解釈も成り立つ。つまり、窓の上限より「上へ一キュビトに箱船の高さを仕上げ」というようにだ。

どちらかは確定できないが、窓の上限の位置はどちらにしろ十五・五メートルか十四・五メートルの高さであったと考えられる。窓の大きさが分からないので正確にはいえないが、窓から外を見るノアの実際の視線の位置は、十五・五メートルより若干低いところ、あるいは十四・五メートルより若干低いところにあったと考えられる。つまり、ノアが外の世界を見渡すことのできた視線の高さはだ。そうした細かいことを無視して十五・五メートルと十四・五メートルで計算すると、ノアがこのとき見渡せた外界の範囲は約十四・一キロメートルか、約十三・六キロメートルだということになる。

さて、ノアが見渡せたのは、たかだがそれだけの範囲である。むろん、箱船から放たれた鳩は空に高く舞い上がったわけだから、もっと遠くが見渡せたはずだ。

しかし、この一般式によるならば、百キロメートルの彼方を見渡すためには七百八十五メートルの高さにまで、二百キロメートル先を見渡すためには三千百四十三メートルの高さにまで、三百キロメートル先を見渡すためには七千七十六メートル、四百キロメートル先を見渡すためには一万二千五百八十六メートル、五百キロメートル先を見渡すためには一万九千六百八十八メートルの高さにまで上がらなければならない。いうまでもなく、地球は丸いからである。いっさいの遮蔽物がないとして、これだけの高さにまで上がらなければならないのだ。

では、ノアによって放たれた鳩は、いったいどのくらいの高さにまで舞い上がることができたのだろうか。つまり、そうしてこのとき、鳩は何キロメートル先まで見渡すことができたのだろうか。

今日のレース鳩でもその飛翔高度は、上昇したとして三百メートルぐらいであるといわれている。むろん、普段はそれほど高くまで上がることはない。鳩は、気流の良いところ、飛びやすいところを飛ぼうとするからだ。普段の飛翔高度は、せいぜい数十メートルから高くて百メートルといったところだ。逆風のときなどは、地面すれすれに飛んだりもする。

このとき、ノアによって放たれた鳩が舞い上がった高さは、せいぜい数十メートルであったと思われる。箱船がとどまっていたのは、アララト山頂である。つまり、鳩が放されたのは、標高五千百六十五メートルの地であることを考えるならばだ。鳩はそもそも、そんな五千数百メートルなどという高さを飛べる鳥ではない。

いや、このときは、この高さに海面があったのだから話は別だ。しかし、鳩はその習性として、水の上を嫌う。海や湖の上、大きな川の上は、気流が不安定だからだ。海の上を飛ぶときは、それこそ波にのまれかねない海上すれすれを飛ぶのが常だともいわれている。そのことから考えてみてもだ。

では、鳩はどのくらい水の上を飛ぶことを嫌うのか。例をあげて、先にちょっと見ておくことにしよう。どちらにせよ、ノアの鳩もその嫌いな水の上を飛ぶことによってしか、オリーブの若葉のついた小枝をくわえてくることはできない。そのこともあるので……。

たとえば、東京から北のコースをとって鳩のレースをやるとすると、六百キロメートルレースまでは放鳩地は本州、つまり陸続きの地ですむが、七百キロメートルのレースになると放鳩地を北海道の地にとらなければならなくなる。筆者が鳩を飼っている当時、六百キロメートルレースの放鳩地は青森か野辺地、七百キロメートルレースの放鳩地は七飯であった。つまり、七百キロメートルレースになると、鳩は東京に帰るために津軽海峡を渡らなければならないことになる。鳩の帰還率は、この七百キロメートルレースになると極端に落ちる。津軽海峡を渡るのが、鳩には難しいのだ。

津軽海峡を前にしてレース鳩の群は、いつまでも海岸線を蛇行しながら行ったり来たりし続けるという。そのなかから意を決したように、一羽、二羽と少数で津軽海峡に突っ込んでいく鳩の姿が見られるという。そうして意を決することのできなかった鳩が、未帰還鳩となる。その数は六百キロメートルレースの比ではないのだ。

また、これは前著『三億円事件と伝書鳩／１９６８―６９』にも書いたので、詳しくはそちらを見てほしいのだが、一九六八年五月三十一日に行なわれた「日華新善交歓鳩レース大会」を例にあげてもいいだろう。中華民国側は広島の原爆ドーム前の平和記念公園から三百六十一羽が、日本側は中華民国の台北市総統府前広場から九十九羽が放鳩された。日本全国から九十九羽の鳩が参加したこのレースは、北九州で千六百キロメートル、東京で二千キロメートル、北海道では三千キロメートルを越える距離になる。日本の鳩レース史上、最も長い距離のレースであった。それも、九州までの海洋千二百キロメートルを含む、「超」のつく難コースであった。

このレースで帰還できたのは、中華民国側も日本側もたった一羽ずつである。日本側で帰還できたのは、今日、日本伝書鳩協会会長を務める尾内一郎さん作翔の42―20227号B♂（後、「レーグルス号」と命名）である。四十七日目に東京の鳩舎にたどり着いた。鳩舎にはたどり着けなかったが、日本本土にまでは帰ってきたことの確認された鳩が他に三羽いた。それのみであった。

さて、このレースにおいて、多くの鳩は海上へと翼を向けることができずに、台湾の地に残留してしまうことになる。台湾の鳩舎に迷い込んで保護された鳩の数だけでも、三十数羽にのぼる。迷い込み鳩があっても届け出ない鳩舎主もいただろう。また、なかにはよその鳩舎に入ることを良しとせず果てた鳩、あるいは猛禽類にやられた鳩もいたに違いない。そう考えると、残留してしまった鳩の数は、おそらくその倍はいたと見ていいだろう。つまり、参加した鳩の三分の二以上が、台湾から出ることすらできなかったのだ。一度は海上に翼を向けたものの、あきらめて引返した鳩もいたはずだ。それらの鳩も含めたならば、さらにその数は増えるに違いない。

第二回大会の結果についても見ておこう。この「日華新善交歓鳩レース大会」は、国内における競翔家たちのこのレースに対する批判や、日中国交回復という政治的な問題などもあって、第二回大会の開催は一九七五年十月五日まで待たねばならなかった。それも、日本側からの参加はなく、台湾側のみの二百二十羽の参加をもって行なわれている。いろいろとあったのであろうが、その問題はさておこう。海上六百キロメートルを飛翔する沖縄―台湾間七百キロメートルレースとして行なわれたこの第二回大会の放鳩日は、沖縄も台湾も台風一過の快晴にめぐまれ、しかも無風状態。絶好のレース日和と思われた。しかし、このレースも結局、記録期間内における帰還鳩のない全滅レースに終わっている。

鳩にとって海上に翼を向けるというのは勇気のいることであり、また海上を飛び続けることが、いかに難しいことであるのかということが分かると思う。

ちなみに、第一回大会における尾内一郎さんのレーグルス号や他の三羽以前に、日本の鳩で海上を長い距離飛んだ鳩といえば、太平洋上六百キロメートルにあるアメリカの客船「プレジデント・ウィルソン号」から放たれた「毎日353号」のそれにつきるといっていいだろう。それも、こちらは島影すら見えない洋上から放たれての飛翔である。一九五三年三月三十日、立太子礼を終えたばかりの皇太子殿下（現・天皇陛下）が、イギリス女王エリザベス二世の戴冠式に天皇の名代として参列するため、ウィルソン号で横浜港を出航した。そのウィルソン号の甲板でくつろぐ、翌三十一日朝の皇太子殿下の姿を撮った写真フィルムを運んだ鳩である。

ちょっと話の流れからはそれるが、筆者はここで、この鳩のなしとげた洋上大飛翔について触れておきたい。日本の伝書鳩の歴史を語る上で、決して忘れられてはならないことだと思うからである。諸岡達一さんが、毎日新聞社のOBの方々の雑誌『ゆうLUCKペン』（第21集、一九九七年十二月）に書いた「『マイニチ353号』の大飛翔」に詳しいので、ここではそれを引用させてもらおう。諸岡さんは、『毎日新聞』の編集委員を務められた方である。

〈（この―筆者補足）皇太子殿下の初の海外旅行は、３月に横浜港を出航してハワイ経由、アメリカ本土を横断、ロンドンに渡ったあとはヨーロッパを歴訪して10月12日に帰国するという壮大なもの。その出航の模様は折しも本放送を開始したテレビが生中継、全国的に盛り上がった大ニュースである。各紙とも１面全面を埋めた。社会面、グラフ面も動員する大特番を組んだ。毎日新聞からも何人かの特派員が同行した。皇太子殿下の乗った船はプレジデント・ウィルソン号（１５３９５総トンの客船）。一般客に混じっての船旅である。横浜出航は３月30日午後４時だった。「マイニチ３５３」も含めた計４羽も毎日新聞特派員として船上の鳩となった。通信手段のない太平洋上から写真を送るのは通信鳩しかない。朝日新聞６羽、共同通信10羽、東京新聞20羽など、新聞関係の通信鳩は合計40羽だった。中でも東京新聞の20羽は民間から借り集めたエキスパートのレース鳩が大半だったと聞いた（未確認）。プレジデント・ウィルソン号は時速19ノットで進むから、通信鳩が帰ってこられる限界は３月31日未明だった。その限界時刻が、撮影と取材の関係でとうに過ぎてしまった。その間にも船はどんどん航行して日本を離れていった。31日朝、甲板を散歩する皇太子殿下の写真を撮影したカメラマン（日沢四郎さん・写真部特派員）は「もうダメだろうか？　いや、もしかして、やってくれるかもしれない」と、力のある鳩たちを信頼して４羽の鳩にフィルムを託した。鳩に信書管を結わえているカメラマンの動作を珍しそうに眺めていた皇太子殿下に日沢さんは「皇太子さまがいまデッキを散歩されている写真を運ぶのです」と説明した。／放たれた「マイニチ３５３」と仲間の計４羽は船の付近を旋回したあと空高く飛び去っていった。その方角は、船の真後ろ、まさに日本の方角である。「行ったぞ」。31日午前10時だった。そのときのウィルソン号の推定位置は横浜から１０４度の角度で東南東約６００キロとちょい。野島崎沖はるか東の洋上である。青一色、陸地はかけらほども見えない。広大な太平洋を鳩はどうやって東京へ帰りつけるのだろうか。皇太子殿下も「大丈夫かなあ？」といった表情で心配そうに見送った。〉

一ノット＝一海里は千八百五十二メートルだから、ウィルソン号は時速三十五キロメートル強の速さで進んでいたことになる。「通信鳩が帰ってこられる限界は3月31日未明」とここにあるのは、つまり洋上四百キロメートルから四百五十キロメートルくらいの距離が、通信鳩が帰舎する上での能力の限界だと考えられていたということだろう。むろん、午前十時に放して、六百キロメートルの距離を午後六時の日没時間までの八時間で戻るのは、たとえ陸上であろうともほとんど無理な相談である。分速千二百五十メートルで飛ばなければならないからだ。よほどの天候に恵まれ、かつ追い風であったりしたなら別だとしてもだ。まして、この「毎日３５３号」の場合は洋上での飛翔である。天候は変わりやすい。そんな恵まれた条件下の飛翔であったとは思えない。それに、フィルムの入ったアルミニューム製の通信管（信書管）を脚に装着しての飛翔である。

そうしたわけで、実はこの「毎日353号」も、東京・有楽町にあった東京本社の鳩舎に帰還することができたわけではなかった。諸岡さんは書いている。

〈翌4月1日午前5時45分。野島崎沖合いを南へ向かって航行中の東鳳丸(6849トン)の船員が1羽の鳩を発見した。鳩は船尾近くにある病室の屋上にうずくまっていた。その時刻の東鳳丸の位置は北緯34度50分、東経131度55分だった。ちょうど房総半島の沖合いの真東、100キロ余の位置である。それより前31日には誰も鳩を見ていないことから推測すると、この鳩は3月31日の日没後、ほとんど暗くなった頃に東鳳丸に羽を休めたらしい(あるいは、もっと深夜だったか?)。東鳳丸が犬吠埼の沖合いよりも北に位置していた頃と思われる。/東鳳丸に羽を休めた鳩は毎日新聞の鳩か?「マイニチ353」なのか? もし「マイニチ353」だとすれば、ウィルソン号から放鳩されて、やや北に偏りながら、推定400キロから500キロは飛んで東鳳丸の船影を見つけ、とにもかくにも休もうとしたのだ。東鳳丸の記録では1日朝は風速15メートルの北風が吹いていた。鳩は通常、風速10メートル以上だと飛翔を休止してどこかで休むという。海上では休む場所もなく、これが「マイニチ353」だとすれば、決死の覚悟で飛んだのだろう。夕闇と過酷な気象条件の中を、なんと健気な鳩か。/鳩は疲れ果てていた。もう飛ぶ力はなかった。伝書鳩であることは脚の信書管でわかった。船員が近づくと、それでも、鳩は立ち上がり、警戒するように、目を見張って、脚の信書管をかばうように2、3歩よろよろとあとずさりした。船員たちに抱かれた鳩は病室に運ばれ、与えられた水をごくんごくんと浴びるように飲んだ。しばらくして、船員が小麦とタマゴの黄身を炒って与えると、クックックックと鳴いてうれしそうに食べ、すっかり安心したのだろう、大きく羽を広げて、2度3度はばたいた。〃信書管には豆粒ほどの小さな文字。『未現像・開封厳禁・毎日新聞』。東鳳丸の奥原和雄船長はすぐに横浜海上保安庁に無電を打った。「健気な伝書鳩を東鳳丸が収容した。大事な任務の途中らしい。毎日新聞に連絡を」。早朝だったが、事情を知った横浜海上保安庁の宿直者は毎日新聞横浜支局に連絡した。「鳩帰還」の報は東京本社地方部に伝わった。本社は間髪を入れず各方面に手配した。東鳳丸が下田沖を通過する際に停船してくれることになった。その時刻は午後だという。本社からは社会部記者、電送写真部員が下田に急行した。下田港には下田通信部がチャーターした福吉丸（35トン）がすでに待機していた。未現像のフィルムもつけていると知っては急ぐ必要がある。モノによっては当日組み込みの朝刊に入れなきゃ！／チャーター船は下田沖約10キロの神子元島付近に停船している東鳳丸を目指してエンジンを回転させた。東鳳丸の船首付近には船員が10人ほど集まっていた。1人が白と赤の手旗を振って合図している。ブリッジから奥原船長がスピーカーで怒鳴っている。「旗のところにつけろ！」。ウネリが高くて35トンのチャーター船はなかなかつけない。3メートルほどのところになんとか接近したとき、海面から高さ10メートルはあるかというデッキから30センチ四方くらいの茶色のボール箱をくくりつけた縄がさっと投げ降ろされた。箱はうまく

チャーター船に届いた。時刻は午後5時5分。縄をほどいて中を覗くと鳩は愛くるしい目を瞬きながらクックックックと鳴いた。〉

鳩は「毎日353号」だった。通信管(信書管)には、筒状に丸められた未現像フィルムが、密封されて入れられていた。普通、フィルムは、長さ十センチ強の細い筒状のエボナイト製のケースに筒状に丸めて入れ、ゴム輪で鳩の背中に背負わせた形で固定して運ばせた。当時、報道関係で一般的に使われていた四インチ×五インチ(一インチは二・五四センチメートル—筆者注)の大判フィルムは、むろん通信管(信書管)には収まりきらないからである。「毎日353号」が運んできた未現像フィルムは、今日一般的に使用される「35ミリ」のフィルムであろう。それも、おそらく一コマずつを切り離し、さらにフィルム縁のパーフォレーションの部分も切りとって、ほとんど画像部分だけにしたものであろう。鳩の脚に装着する通信管(信書管)はアルミニューム製で直径一センチメートル、長さは三センチメートル弱しかない。通信管(信書管)に収めるには、そうせざるをえないからである。そうして、カメラマンの日沢さんは四羽の鳩に、その一枚ずつを託したのであろう。

大正十一年(一九二二年)に出版された武知彦栄さんの『伝書鳩の研究』という本のなかに、この通信管(信書管)の形状その他についての記述があるので、参考のために引用しておこう。

〈此の信書管は、内外二筒より成り、通信用紙……は巻きて内筒に収め之を外筒に挿入する。外筒は直径十粍《ミリメートル》、長さ二十八粍の円筒で、二個の鈎鐶を有し、之を以て鳩の脚の内側に、堅からず緩からず適度に装着す。内筒は其直径約九粍半で、長さ二十粍の円筒である（内筒の長さが外筒の長さよりも、八粍短くしてあるのは、受領したる信書を取出す時に破損せぬ様にする為め、実験上より按出されたものである）。又内筒の上端には、外径約十一粍厚さ約二粍の膨みが有る。之は内筒を抜き出す時の撮みとなり、又蓋の代用を為す。／此信書管を鳩の脚に装着する際には、蓋を充分に閉め、鳩が起立した時、蓋が上方に在る様にせねばならぬ。此の注意を怠るときは途中で信書を落失する惧れがある。〉

筆者も子供の頃に、鳥獣店（現在のペットショップ）で購入したことがある。友達と鳩通信をして遊ぶためにだ。あの頃は鳩の飼育用具などとともに、普通に売っていた。形状も、武知さんのいう通りのものであった。

ところで、諸岡さんはここに、「（鳩は―筆者補足）『マイニチ３５３』なのか？　もし『マイニチ３５３』だとすれば……」、あるいはまた「これが『マイニチ３５３』だとすれば……」と書いている。保護した鳩の脚環に記された「毎日３５３」という番号を、東鳳丸は知らせていなかったのだろうか。しかし、そうだとすると、この一節はちょっとおかしいといわなければならない。おそらく思い入れが過ぎて、諸岡さんの筆がすべったのだろう。つまり、チャーター船で行って東鳳丸から鳩を受け取ったときにはじめて、それが「毎日３５３号」だと分かったはずだからだ。それ以前においては、毎日新聞社のウィルソン号から放たれた四羽の鳩のうちの一羽ではないかと推測できたに過ぎない。むろん、他の任務の途中、風に流されるかどうかして海上に出てしまった鳩の可能性も考えられないわけではない。

また、こんなふうにも書いている。「東鳳丸の記録では1日朝は風速15メートルの北風が吹いていた。鳩は通常、風速10メートル以上だと飛翔を休止してどこかで休むという。海上では休む場所もなく、これが『マイニチ３５３』だとすれば、決死の覚悟で飛んだのだろう。夕闇と過酷な気象条件の中を、なんと健気な鳩か」。この一節も変だ。鳩が「決死の覚悟で飛んだ」日は、前日の三十一日だからである。一日の朝に「風速15メートルの北風が吹いて」いようと、すでにそのとき鳩は東鳳丸に羽を休めている。これもまた、興が乗りすぎて筆がすべったのであろう。

ついでにいっておくならば、諸岡さんは「毎日３５３号」が東鳳丸の船員によって保護され、餌を与えられたとき「クックククッククと鳴いてうれしそうに食べ」とか、チャーター船に収容した鳩の入った箱をのぞくと、「鳩は愛くるしい目を瞬きながらクッククックと鳴いた」と表現しているが、これはいただけない。餌を食べるときに鳩は鳴いたりはしない。一心不乱に食べる。また、後者、箱に閉じこめられこれからどうなるか分からないような状況におかれた鳩が、「クッククックク」と鳴くわけがない。グーグーと唸ることはあるとしてもである。いや、そもそも鳩は「クックククック」と鳴いたりはしない。桜田淳子のヒット曲「わたしの青い鳥」ではないのである。諸岡さんは鳩の愛らしさをそれで表現しようとしたのかもしれないが、要らぬ筆使いであった。ちなみに、桜田淳子はこの曲で、一九七三年の日本レコード大賞最優秀新人賞を受賞している。
さて、この「毎日353号」が運んだフィルムは、下田通信部ですぐに現像、焼き付けされた。フィルムには、皇太子殿下がウィルソン号のデッキを散歩する姿が写っていた。大特ダネ写真である。写真は、すぐに本社に電送された。

〈4月2日付毎日新聞朝刊社会面トップは、もちろん「このニュース」で埋められた。5段見出し『皇太子さま、ほめて――／私は力の限り飛んだ／写真はこの通り立派に／健気なハト君』。日沢カメラマンの撮影した皇太子殿下の写真が5段。当時の紙面としては破格の大きさである。ちゃんとクレジットに「本社の鳩が持ち帰ったもの」と記してある。当時の新聞取材事情の中、大変な特ダネ写真だった。日本を600キロも離れた洋上の写真は他紙にはない。そして「マイニチ353」の写真も2段！　で掲載されている。〉

「紙面を読んで感動した読者から賞賛の手紙が殺到した」。「また、平素から毎日新聞鳩係の熱心な訓練、飼育、管理の優れていることを如実に物語る成果だということで、編集局長から表彰状と特賞が鳩係に贈られた」。では、他紙の紙面はどうであったのだろうか。また、ウィルソン号に「毎日353号」など毎日新聞社の鳩とともに乗船した他社の鳩は、どうなったのだろうか。

〈朝日新聞は千葉県勝山沖で外人客と談笑している皇太子殿下の写真を載せている。その写真のクレジットは「勝山沖でウイルソン号から投下」となっている。フィルムを小船に投げ降ろしたのだろう。それ以後、ハワイに着くまで皇太子殿下の写真は載っていない。朝日新聞がつれていった6羽の通信鳩はどうしたのだろうか？／ウィルソン号に乗った他の通信鳩が何日何時どの地点で放鳩されたかは不明である。全部の鳩が放たれたかどうかも分からない。そのまま使わず（放鳩せず）アメリカまで運ばれたとは思われない。おそらく放鳩されたものの海に消えたのではないか。〉

諸岡さんは、さりげなくそう書いている。

大洪水以前にノアたちの住んでいた場所

海上（水の上）には障害物が何もないのだから、障害物の多い陸上を飛ぶよりむしろ簡単なことなのではないか。読者諸氏は、そう思われるかもしれない。しかし、鳩にとっては逆なのだ。見てきたように、鳩が海上（水の上）を飛ぶのは、かくも難しいことなのだ。

読者諸氏は、そのことを記憶に留めておいてほしい。

話を戻そう。筆者は先に、ノアによって放たれた「鳩が舞い上がった高さは、せいぜい数十メートル」であろうと述べた。しかし、このとき、百メートルの高さにまで舞い上がったのだと仮定してみよう。むろん、これ以上に上がることは決してないだろうと考えられる高さとしてである。すると、このときノアの鳩が見渡せた範囲は、

$$D = 3.57\sqrt{100}$$

つまり、三十五・七キロメートルになる。それほどの距離ではない。これくらいの距離のところに地面を見つけたのなら、あるいはそれが山鳩（ヤマバト）であろうと、箱船との間を往復することは可能であったかもしれない。

いや、箱船がとどまったアララト山の高さは五千百六十五メートルである。コーカサス山脈には、見てきたようにそれよりも高い山がある。五千六百四十二メートルのエルブルズ山だ。鳩が、その山を見つけたということも考えられるだろう。

その場合、計算式は、箱船がとどまったアララト山頂とエルブルズ山の高さの差、四百七十七メートルを考慮して、次のようなものでなければならない。

$$D' = 3.57\ (\sqrt{100} + \sqrt{477})$$
$$\fallingdotseq 113.7\text{km}$$

つまり、エルブルス山の頂上が、百十三・七キロメートル以内にあるとしたならば、百メートル上空にある鳩はそれを視界のうちにとらえることができるということだ。

いや、「創世記」第八章五節には、「水はしだいに減って、十月になり、十月一日に山々の頂きが現れた」という一節があった。としたならば、エルブルス山に限らず、多くの山の頂きが、このとき、水面に顔を出していたのではないか。

むろん、筆者はそのことを忘れてしまったわけではない。しかし、この一節は、神（あるいは聖書編纂者）の俯瞰された視線から記述されたものであろう。物語世界のすべてを見渡せる位置から記述されたものでである。物語の主人公であるノアに、その頂きが見えていたと書かれているわけではない。筆者には、そう読める。

そもそも、ノアが「箱船の窓を開いた」のは、この「山々の頂きが現れた」とされる十月一日から四十日が過ぎてからのことである（第八章六節）。そして、その窓から烏と鳩を放つ。見てきたように、烏は役に立たなかった（第八章七節）。故に、「ノアはまた、地のおもてから水が引いたかどうかを見ようと、彼の所（箱船―筆者注）から鳩を放った」（第八章八節）のであった。

つまり、十月一日の時点で、またそれから四十日たった時点においても、ノアはまだ「山々の頂きが現れ」ていたことを知らなかったのだ。その間に箱船の窓を開いて、外の様子を伺うようなことが仮にあったとしてもである。だから、外の様子を知ろうとして、烏と鳩を放ったのだ。そして、ノアによって箱船の窓から放たれた烏や鳩もまた、その頂き（つまり「足の裏をとどめる所」）を見つけることができなかったのである。

箱船には窓が一つしかついていなかったのだから、その窓の開いている方向では見えなかったということなのかもしれない。仮に窓はその方向を向いていたとしても、そしていくら晴れていて視界が良好であったとしても、山は霧に覆われていたり、雲に隠れていたりする場合がある。また、晴れていても水面の上はもやっていて、視界のきかない場合が多い。水面から顔を出した「山々の頂き」をノアが見つけられなかったのは、そのせいかもしれない。いや、ノアばかりではない。箱船から放たれた烏や鳩もまた、見つけられなかったのである。烏はさておくとしても、鳩は眼のいい鳥である。その鳩が、見つけられなかったのだとしたならば、そのせいだと考えざるを得ないだろう。つまり、山が霧に覆われていたか、雲に隠れていたか、あるいは水面の上がもやっていて視界がきかなかったか、そのいずれかでだ。

あるいは、もとよりノアや烏や鳩の視界に入って然るべき範囲に、その「山々の頂き」はなかったのかもしれない。そうも考えられる。

いや、そもそも「創世記」第八章五節にいう「十月一日に山々の頂きが現われた」とは、どの山々の頂きを指しているのだろうか。

見てきたように、ノアや烏や鳩には見つけられなかったとしても、こうしてアララト山よりも低い山々の頂きも、実際に水面に顔を出しはじめたということなのだろうか。筆者は今、そう解釈して述べてきた。

しかし、考えてみると、それはどうも違うように思える。

アイザック・アジモフは、この「創世記」第八章五節をどう解釈すべきかについて、その著『アジモフ博士の聖書を科学する』のうちに次のように述べている。

〈この前の節（「創世記」第八章四節―筆者注）で、「箱船は（七月十七日に―筆者補足）アララテの山々の上にとどまった」とある。もしこれが、箱船はある一つの山の頂に乗っかった、という意味なら、なぜこの節は、六十八日たって（太陰暦で、十月一日は七月十七日から数えて六十八日後に当たる―筆者注）ようやく山々の頂が見え始めたなどというのだろう。／これはむしろ次のように解釈すべきだろう。つまり、箱船はウラルトゥ（アララト山のある地域の名前―筆者注）まで漂ってきたが、そこから先へは行かずにその地点で留まり、やがて山々の頂が姿を現わした時、山の一つの上に着地したのだ、と。〉

つまり、そうして十月一日になって着地した山こそが、アララト山であったのだ。そう解釈すべきなのだろう。

むろん、そう解釈しない限り、その十月一日から四十日後のこととして描かれる第八章八節から九節の、「ノアはまた、地のおもてから水がひいたかどうかを見ようと、彼の所（箱船――筆者注）から鳩を放った。／だが鳩は、足の裏をとどめる所が見つからなかったので、箱船のノアのもとに帰ってきた。水がまだ全地のおもてにあったからである」（傍点筆者）という言葉と矛盾してしまう。

十月一日から四十日経ったその日にも、水は引きはじめていたとはいえ、いまだアララト山の頂きまで覆っていたのだ。つまり、「創世記」第八章五節にいうその「山々の頂き」とは、アララト山より低い山々の頂きのことではない。アララト山をも含むところの、アララト山よりも高い山々の頂きを指したものだ。

しかし、地図を広げてみると分かるが、アララト山の周囲でアララト山よりも高い山は、先に計算式に用いたエルブルス山（五千六百四十二メートル）より他にないのだ。そして、このエルブルス山は、アララト山から北北東に約四百キロメートル離れたところにあるので、百メートル上空に鳩が舞い上がったとしても、鳩はその視界のうちに収めることができない。むろん、窓から覗いたノアにそれが見えるわけはない。あとは、南東方向約八百キロメートルのところ、カスピ海の南端にある都市テヘランの近くにそびえるタマヴァンド山（五千六百七十一メートル）があるのみだ。

アララト山
ウラルトゥ
ハットゥサ
アナトリア
カネシュ
ヴァン湖
カスピ海
アッシリア
カルケミシュ
アラム・ナハライム
ハラン
ウルミヤ湖
エルブルス山脈
タマヴァンド山
ニネベ
カルフ（カラハ）
キュプロス島
アッシュル
ティグリス河
ケバル
（ビブロス）
タドモル
マリ
シドン
ダマスコ
バビロニア（カルデア）
地中海
ツロ
エラム
ユーフラテス河
シリア砂漠
シケム
エルサレム
エリコ
バビロン
スサ
ニップル
ヘブロン
ウルク
ベエル・シェバ
ウル
ヘリオポリス
シナイ半島
メンフィス
アラビア砂漠
ナイル川
ペルシア湾
ザグロス山脈

どちらにしろ、ノアはもちろん、鳥にも鳩にも見える距離にはなかったのである。
では、仮に鳩が三百メートルの高さにまで上ったとしたら、鳩はそれを視界に収めることができただろうか。

否である。その視界のきく範囲は、約六十一・八キロメートルにすぎない。エルブルス山とアララト山の高低差四百七十七メートルを考慮に入れてもいくらも変わるものではない。エルブルス山の頂きが約百三十九・八キロメートルまでの距離になければ、鳩の視界はそれをとらえることはできないのだ。箱船の上空にいくら高く鳩が舞い上がったとしても、エルブルス山の頂きはもとより見えようがなかったのである。

ここで、もう一つのことについて考慮しておこう。

箱船の上に舞い上がったときに、鳩は目的地を見つけられなかった……。しかし、旋回しながらじょじょに離れていき、そうして何十キロメートルか、何百キロメートルか離れた地点にまできたときに海面から突き出ているエルブルス山の頂きを、つまり「足の裏をとどめる所」を見つけたということも考えられるからだ。

ここでは、そうして仮に百メートルの高さで箱船から百キロメートルほど離れたところまできたときに、どうであるかについて見ておこう。計算式はこうなる。

$$D'' = 3.57\ (\sqrt{100} + \sqrt{477}) + 100$$
$$\fallingdotseq 213.7\text{km}$$

いや、鳩はおそらく、箱船から百キロメートルも離れることはなかったに違いない。鳥の次に鳩を放したとき、「鳩は、足の裏をとどめる所が見つからなかったので、箱船のノアのもとに帰ってきた」のである。鳩は臆病な鳥である。筆者は、実際には鳩は、箱船からそれほど離れはしなかったのではないかと推測するのだ。その距離は、せいぜいのところ二十キロメートルから三十キロメートル程度でしかなかったのではないか。臆病であるが故に、鳩は箱船を視界の外において飛ぶことを嫌っただろうと思われるからだ。

しかし、むろん百キロメートルほど離れたところまで飛んだであろう可能性もないわけではない。

というのも、鳩はもとより帰巣性をもっている。

この最初に放たれたときも、鳩は当然、大洪水以前のノアの家にあった古巣に戻ろうと試みたであろうと考えられるからだ。

しかし、そうだとしても百キロメートルを越えることはなかっただろう。鳩にはまた、生命保持本能があるからだ。百キロメートルほどきても、それでも一面の水で足を休める場所すら見つからないとしたならば、帰巣性よりも身の危険からの回避の方が本能的に優先されるに違いない。

このままでは水に落ちるしかないとしたならば……。鳩は唯一の足を休められる場所、つまり箱船へと戻ろうとするだろう。箱船はまたこの鳩にとって、ペアとなった相手の鳩も待っている第二の棲み家でもあったのだから……。

それに、鳩は洪水が始まる二月十七日より以前に、箱船に乗せられたのである。この最初に箱船から放たれた日（十月一日から数えて四十日後）まで、約二百五十日の間飛んでいない。としたならば、筋肉も落ち、その飛翔力も萎えてしまっていたに違いない。そう考えるならば、鳩が飛び続けられる距離は、このくらいまでが限界ではないだろうか。いっさい足を休めることなく、再び箱船にまで戻れる距離といったならばである。

では、鳩はどの方向を目指して飛んだのか。

箱船が作られた地、大洪水以前のノアの家にあった古巣を目指して、その方角に向かって飛んだのだと考えられる。おそらく、鳩はザクロス山脈を左にしてペルシア湾に流れ込むチグリス・ユーフラテス川に沿う形で、南南東の方角を目指して飛ぼうとしたに違いない。

いや、このときはすべてが水の下だ。つまり、今日見ることのできる地図でいうならばである。ノアの鳩は、それから七日後に再び放たれたときも、同じコースをたどろうとしたに違いない。つまり、大洪水以前のノアの家にあった古巣を目指して、南南東の方角に向かって飛ぼうとしたに違いない。そして、その途次、視界のなかに水面から顔を出している「山の頂き」を、つまり足を休める場所を見つけたのだと考えていいだろう。ノアの箱船が着地したアララト山の頂きよりも高い場所をだ。そして、そこからオリーブの若葉のついた小枝をくわえて箱船に戻った……。

いや、違う。見てきたように、そちらの方向には八百キロメートル行かなければタマヴァンド山はない。ザクロス山脈の東に出て、ザクロス山脈を右手にカスピ海を左手にして南下しなければである。それにタマヴァンド山は、鳩が向かったであろう大洪水以前にノアたちが住んでいた場所からは、東北東に七百キロメートルから八百キロメートルもずれたところにある。また、アララト山からタマヴァンド山までの八百キロメートルという距離は、仮に鳩が明け方にアララト山頂の箱船から放たれたのだとしても、とうてい日没までに往復できる距離ではない。分速千メートルで飛んだとしても片道十三時間以上、往復では二十六時間以上かかる。その日の日没までに箱船に戻ることなど、もとより不可能だ。

では、鳩はどこから、オリーブの若葉のついた小枝をくわえてきたのか。

大洪水以前のノアの家にあった古巣とは逆の方向の、エルブルス山の頂きからだとしか考えられない……。

しかし、ここではその問題について、ちょっとペンディングにしておきたい。

そして、先に、なぜ箱船の造られた場所＝大洪水以前にノアたちの住んでいた場所が、つまり鳩の目指した古巣のあった場所が、アララト山から南南東方向の地であると特定できるのかということについて述べておきたい。

というのも、筆者はすでにその地が、当時のチグルス・ユーフラテス川の下流地域のどこかだとの前提で、この稿を進めてきてしまっている。本著第二章四節で見てきた「洪水の痕跡」の見つかった町、ウルやシュルッパクなどを暗に前提としてだ。読者諸氏も気づかれたに違いない。そして、いぶかしく思われたに違いない。むろん、聖書「創世記」に、その地がどこであるかについての記述はない。それでは何故、そう推定できるのか。その理由について明らかにしておかなければ、不誠実というものだろう。さらに筆を進めていくために、どうしてもここで明らかにしておく必要もあるのだが……。

筆者は本著第二章四節において、洪水の起った地域は「実際には、チグリス＝ユーフラテスの谷に限られていた」のではないかと述べた。

いや、順を追って説明しよう。

このメソポタミア地方は古来、両河川の氾濫にしばしば見舞われていた。当時の人々にとって、それが切実な問題であったことはいうまでもない。

芹澤茂さんは「ノアの箱舟」（『オリエント世界の誕生』所収）のなかで、当時の人々にとって「洪水との戦いは現実の政治と経済の面での重要事であり、それが灌漑組織の発達となり、国家の形成を促した要因の一つであった」と述べている。そして、さらにこうも述べている。

〈この類の洪水は、当時の人々の心を強く打ったがゆえに、ある特定の経験が歴史的事実として伝承されたことは想像される。しかし、それとともに、この時代にもう一つの、明らかにそれと異なった意義をもつ伝承が存在した。この時代を溯った遠い昔に、一大洪水があって、その当時の人々の生活した世界（バビロニア）の大部分がその災害をうけ、ほとんどの人間が滅亡したという伝承である。これが少なくともイシン・ラルサ時代（紀元前二〇二五〜前一七六三年――筆者注）に一般的に普及していたことは、王名表（King List）などの文献にこのことが言及されていることからも明らかである。〉

さて、ここにいう「王名表」についても、また「明らかにそれと異なった意義をもつ伝承」を生んだ「一大洪水」についても、本著第二章四節において、すでに見てきた。この「一大洪水」については、考古学的に二つ想定されるのだが、そのことについてもである。

いや、ここでは芹澤さんの同論文の言葉に、耳を傾けよう。

〈考古学上より、メソポタミアには二つの顕著な洪水が認められている。一つは、ウバイド期とウルク期の境（西暦前三五〇〇年）に起きたウルの洪水であり、もう一つは、ジェムデット・ナスル期と初期王朝期の境（西暦前二九〇〇年）に起きたシュルッパクの洪水である。王名表に言及される大洪水は、第二のものであると一般に考えられている。もちろん、このように考えるのは、シュルッパクの地方的洪水が一般化されて、伝承的に全世界的な大洪水と見なされた可能性が大きいと理解するからである。この場合第一のウルの洪水は伝承の中になかったと考えるわけである。しかしある研究者は、第一の洪水こそ人類を一掃した大洪水であり、その記憶（伝承）が大洪水の伝承の元となっていると見ている。〉

芹澤さんは二つ目の大洪水について、「ジェムデット・ナスル期と初期王朝期の境（西暦前二九〇〇年）に起きた」としている。筆者はこれまで、それを「紀元前二八〇〇年」に起きたものとしてきた。この百年の差は、初期王朝期の始まりをいつにとるかということによって生じる差である。本著第二章四節に筆者が、その第二の「洪水の痕跡」はキシュ、シュルッパク、ウルク、ラガシュで見つかっていると述べたものと違ったものを、指しているわけではない。また、一節中「ウバイド期とウルク期の境（西暦前三五〇〇年）に起きたウルの洪水」とあるが、その第一の「洪水の痕跡」はニネヴェでも見つかっている。芹澤さんは、二つの大洪水をウルのそれとシュルッパクのそれとして述べている。地層年代学などの考古学的データが、ウルとシュルッパクのそれが一番しっかりしたものとしてあるからだろう。また、ウルのそれとシュルッパクのそれに代表させて語ることによって、文章が煩雑になるのを避けようとしたためでもあろう。

さて、地図（一五〇頁）を参照してほしいのだが、この紀元前三五〇〇年説をとるにしろ、紀元前二八〇〇年説をとるにしろ、そのウルにしろ、シュルッパクにしろ、チグリス・ユーフラテス川の下流域、当時の海岸線近くにあった町である。このどちらの大洪水であるにせよ、その伝承が、芹澤さんもいうように、聖書「創世記」のノアの箱船の物語の原型になったのだと考えられているわけである。ウルは旧約聖書中、アブラハムの故郷とされている地である。また、シュルッパクは、次節で見る『ギルガメッシュ叙事詩』におけるノアと呼ばれる、ウト・ナピシュティムの住んでいたとされる地である。

筆者が「箱船の造られた場所、かつてノアたちの住んでいた場所」を「チグリス・ユーフラテス川の下流地域」に違いないと推定することになったのは、そのためである。つまり、その地とは、このウルあるいはシュルッパクであったのではないかと、筆者は考えたのだ。箱船から放たれた鳩は、故にこの地を目指して飛んだのだと……。

仮にウルやシュルッパクではなかったとしても、発掘によって「洪水の痕跡」が見つかった町のうちのどれかだろう。それらの町はすべて、当時の海岸線近くに存在していた。むろん、ノアたちの住んでいた町が、発掘された町とは違う第三の町だとしても、その町もまた当時のチグリス・ユーフラテス川の下流地域、つまり当時の海岸線近くに存在していたと推定される。大洪水に襲われたということから考えるならばだ。アララト山にある箱船から放たれた鳩がこの第三の町を目指したのだとしても、その方角に大差があるわけではない。

ところで、筆者は今、「当時の海岸線近く」という言い方をした。現在の地図で見るならば、それらの町のあった場所は、海岸線よりもずっと内陸に位置している。しかし、当時はそれらの町のあった場所に海岸線があったのだ。

一般的に「メソポタミア地方のデルタ地帯の成立ははなはだ新しく、シュメール時代にはペルシア湾が現在より二〇〇マイル（三百二十キロメートル—筆者注）ほど内陸に深く湾入していた」（織田武雄「ナイル河とチグリス・ユーフラテス河」、『オリエント世界の誕生』所収）と考えられている。そして、「その後、五〇〇〇年間ほどの間にデルタは急速に進出し」（同上）、今日のような地形が形成されることになったのだとである。「チグリス・ユーフラテス両河川の堆積作用のほかに、ザクロス山脈を侵食して多量の土砂を運搬するカルン河やカルハ河などの堆積」（同上）作用によってである。

筆者はこの説をとっているので、「当時の海岸線近く」という言い方をしたのだが、近年、違った説を唱える人たちもいる。織田武雄さんが、「ナイル河とチグリス・ユーフラテス河」（『オリエント世界の誕生』所収）のなかで、その説について紹介している。ここでは、それを借りておこう。

〈リースとファルコン両氏の調査によれば、これらの河川が運搬するシルト（砂よりは細かく粘土より粗い土—筆者注）とアラビア砂漠からのサンド・ストームで送られてくる砂塵によって、一〇〇〇年間に四、五～六メートルの堆積があったものと想定される。それにもかかわらずデルタ地帯にはなお多くの湖沼や沼沢地が存在していること、あるいはバスラ付近のボーリングの結果、中新世の基岩の上に淡水貝層を含む厚さ三〇メートルの陸成層が形成されているの（が分かったの――筆者補足）で、そこが海底でなく内陸湖の湖底の堆積であると推定されることなど、多くの例証を挙げて、両氏はメソポタミアのデルタ地帯では、河川などによって多量の堆積物が供給される一方、堆積物の重さによる地盤の沈降によってつねに均衡が保たれ、デルタ地帯の海岸線には今日まで考えられたような大きな変化がみられなかったと論じ、従来の定説を否定する見解を近年発表している。〉

むろん、仮にこのリースやファルコンのいうとおりだとしても、この低湿な下流地帯からは古代遺跡は一つも発見されていない。そのことからも分かるように、歴史時代に入ってからも、その地はほとんど開発されることなく残されていたに違いない。つまり、どちらにしろ二人の説は、大洪水以前にノアたちの住んでいた場所＝箱船の造られた場所がウルかシュルッパク、あるいは発掘され「洪水の痕跡」が見つかった町であるにしろ第三の町であるにしろ、「当時の海岸線近く」という言葉で想定されうる地域にあったという筆者の推定に、影響を与えるものではない。むろん、今後、その地から古代遺跡でも発見されるようなことにでもなれば、話は別だが……。

聖書「創世記」に先行する伝承と文献

さて、「創世記」のノアの箱船の物語は、見てきたように紀元前三五〇〇年頃のウルなどにおける、あるいは紀元前二八〇〇年頃のシュルッパクなどにおける大洪水伝承が、その原型になったと考えられる。

ここでは、ちょっと寄り道をして、そのノアの箱船の物語の原型になったと思われる伝承について、あるいはその伝承を記した文献について、見ておくことにしよう。

実は「創世記」のノアの箱船の物語は、聖書のオリジナルではないのだ。

たとえば、『ギルガメッシュ叙事詩』と呼ばれている文献がある。この文献には、旧約聖書のノアの箱船の物語を彷彿させるような話が記されている。

『ギルガメッシュ叙事詩』は十二枚のタブレット（粘土板）に書写されたものが、ニネヴェの遺跡のアッシュルバニバル王（紀元前六六九〜前六二六）の書庫より出土している。ノアの箱船の物語を彷彿させるような話は、その十一枚目に記されている。

芹澤さんの前節で引用した論文のうちに、劇的なその発見の過程についての記述があるので引用しておこう。

〈一八五〇年イギリス人レヤードはニネヴェの遺跡（クユンジク）を発掘して数多くのタブレット（粘土板）を得た。これは英国博物館（大英博物館）に運ばれたが、約二万五千枚で、アッシュルバニバル王の図書館のものであり、一般に「クユンジク・コレクション」と呼ばれる。これらのタブレットは、発掘時にすでに破壊されていたばかりでなく、輸送の途中に分解したものが多数あり、これらの小断片をつなぎ合わせ、修理することが博物館員の重要な仕事となり、ジョージ・スミスも当時この仕事に熱心に従事していた。一八七二年に、彼は旧約聖書（創世記第六乃至九章）によって古来から有名なノアの洪水の記事と、ほとんど同文の記事をタブレットの中に読みとった。そしてこれを同年一二月三日のロンドンでの聖書考古学会の例会において「カルデアの大洪水説話」（The Chaldean Account of the Deluge, 1876）として発表し、聴衆に深い感動を与えた。これを機として、彼はその断片の欠けた部分を探すために、ニネヴェの廃墟で発掘を進めることができるようになり、幸運にもそれを発見した。これがギルガメッシュ叙事詩の第一一書板である。〉

ジョージ・スミスは、こうしてそのタブレットの楔形文字の解読に成功したばかりか、その文献に欠落していた部分の発見にも成功したのである。

さて、それではこの『ギルガメッシュ叙事詩』に描かれた大洪水物語とは、どのようなものであるのか。

それは、不死を求めて旅に出たギルガメッシュが、その旅の途次にウト・ナピシュティムから聞いた話として描かれている。F・ナヴァラの『禁断の山』が要約してくれているので、ここではそれを借りよう。

〈巨人の英雄、半人、半神の、ジルガメシュ（ギルガメッシュ―筆者注）は、その友人、エンキジュの死に心をなぐさめるすべもなく、自分もいつかは死ぬ身であることを悟り、その先祖のウト・ナピシュチムを訪ねていって、いかにして不死の秘密をつかめるか、とたずねた。／ウト・ナピシュチムは、ジルガメシュに答えていった。不死はおのれの徳と力によってえられる。自分も、（そうして―筆者補足）不死の身をえて、大洪水に生きながらえたのだ。そういって、大洪水の物語をジルガメシュに話して聞かせた。／「人間たちの悪い心に、神々はあいそをつかしてしまったので、地上を滅亡させようと決心した。しかし、エアの神は、自分の保護するウト・ナピシュチムを救おうと考えて、一艘の船をつくるように、そして、それにすべての生命の種をのせてゆくように、と、おしえてやった。／ウト・ナピシュチムはその教えに従い、一艘の船をつくり、家族たちと動物たちをそれぞれのせた。〃そうすると、大洪水がはじまり、それは、六日六晩つづいた。七日目の朝になって、ウト・ナピシュチムは天気をながめた。すべてはしずまりかえり、すべての人類は、泥土にかえってしまっていた。／船はニジルの山の上に座礁した。／ウト・ナピシュチムは、一羽の鳩を船から出した。鳩は行って帰ってきた。つぎに、つばめを放ったが、おなじことをした。さいごに、烏を放った。烏はたべる死体を発見したので、帰らなかった。そこで船の上のものたちは船から下りて、神々に、いけにえをささげて祀《まつ》った。／神々は、そこでたがいに相談しあったが、神々の王のエンリルが、エアの神に、ウト・ナピシュチムを助けたことを非難した。エアの神は、自分の保護するものの正しさを弁護して、エンリルの神の怒りをうまくしずめたので、生残ったものたちに、（エンリルの神が──筆者補足）不死の生命を授けるにいたったのだ。」〉

ナヴァラの邦訳された著作には、また付録として、『ギルガメッシュ叙事詩』の十一枚目タブレットにおける該当部分の訳も収められている。それも引用しておこう。

〈（エアの神によって予告され、にわかに洪水がおこることをしったウト・ナピシュチムは、一艘の方舟を建造した。）／私がもっていたものすべてを、私はたずさえて、方舟の中に乗った。／わが働きの成果のすべて、わが妻子とわが一族、田野の動物ら、牧場の家畜ら、腕よき働く者ら、そのすべてを私は船に入らせた。／私は方舟に乗って、扉をとざした……。／その次の朝が明けたとき、／黒い雲がはるか遠い地平線に大きく湧き出して、にわかに、日の光は夜に変化した。／兄弟はその兄弟がもはや目に入らず、／空の民はお互いを認めえなかった。／神々は大洪水の恐れにみちて、／のがれゆきて、アヌウの空の中にかくれ、神々は犬どものように壁にぴったりついて、動かずにじっとしていた……。／六日と六夜のあいだ、／大波と大嵐とが、ますますふえ、暴風雨が地上で荒れ狂った。／第七日がやってきたとき、大嵐はしずまった。戦いの群盗が、のがれるように去った。波浪はおだやかになり、風はおち、大波はもはやうねりをとめた。／私は水をながめた、その咆吼はおさまっていた。／すべての人間は泥土に変っていた！／水底の泥は屋根屋根の高さに達していた！／私は目で陸をさがした。海の水平線に、／遠く、はるか遠く一つの島が現われた。／わが乗船はニジルの山までこぎ進んだ、／ニジルの山に、船は座礁し、錨をうったようにとどまった……。／第七日が始まったとき、／私は一羽の鳩を放って、とびさらせた。／わが鳩はとんで、かえった。／どこにとまるべきかわからないためにもどってきた。／（つぎに、つばめを放ったが、おなじことをした。――筆者補足）／私は一羽の烏を送った。私はそれを自由にさせておいた。／烏はとんでいった。水の鏡が低まっているのをみた。／烏はたべ、かしこにとび、ここにとび、かあかあと啼き、ふたたびもどらなかった。〉

ここにいう「ニジルの山」については、ノーマン・コーンの『ノアの大洪水　西洋思想の中の創世記の物語』に次のような記述がある。「『ギルガメシュ叙事詩』では舟はザグロス山脈のニツィルの山に漂着した。現在ニツィルという名の山はないが、ザクロス山脈は知られている。それはティグリス川の東方にある。もっと正確にたどることもできる。アッシリアのアッシュルナシルパル二世（紀元前八八二〜前八五九）はニツィル山を知っており、それはティグリス川の東岸にあるその支流のリトル・ザブ川の南にあるとしている。この山は現在ピラ・マグルンとして知られている九千フィート（約二千七百四十メートル—筆者注）の高さの山かもしれない」。

『ギルガメッシュ叙事詩』によると、ウト・ナピシュティムの建造した箱船は、六十メートル四方ある巨大な立方体のようなものであった。箱船の内部は七段にわかれ、六つのデッキを持っていて、それは同じ様に九つの部屋に分割されていた。そして、箱船は荷を十分に積み込むと、その三分の二が水に沈んだという。

ノアの箱船の物語を彷彿させるような話を記した文献は、この『ギルガメッシュ叙事詩』以外にも存在する。

たとえば、南メソポタミアのニップール遺跡から出土した『シュメールの洪水物語』と呼ばれているものだ。紀元前二五〇〇年頃のものだといわれている。「表裏各三欄よりなるタブレットで、現在はその半分（三分の二）が残存しており、上半分も必ずやニップール出土の遺品の中にあると考えられているが、半世紀を経てもなお発見されていない。この詩の後半分に、ジウスドラ（Ziusudra は『永き日の生命』の意）を主人公とした洪水物語がうたわれている」（芹澤茂「ノアの箱舟」）。

そして、もう一つ。「これとほとんど同時代すなわちバビロン第一王朝時代の書写になるアッカド語版の洪水物語があり、これは主人公の名にちなんで『アトラハーシス叙事詩』といわれ（同上）ている。Atrahasis は「著しく賢明（な者）」の意である。

さらに、ノアの箱船の物語との類似が語られるものとして、バビロンのマルドゥク神殿の神官ベローズの『バビロニア誌』がある。紀元前二七五年頃のものだ。F・ナヴァラの『禁断の山』に要約があるので、それを借用しよう。

〈クロノスの神が、大洪水の前の十代目の王、シストロスの前にあらわれて、まもなくすべての人間が大洪水の中に死滅してしまうだろうと、王にいった。／神は、王に命令して、王以前に記録によって書きとめられているすべてのものの、はじめと、中と、終りとをとって、太陽の都、シッパラにとじこめておき、一艘の船をつくって、王と家族とたいせつな友人たちと共に、その船に身をかくせ、といった。／シストロスは、一艘の船を建造したが、その長さは五スタディオン（里程の単位。六〇〇歩。約一八〇～一九〇メートル）、幅二スタディオンの船であった。王はその船に、食糧をつみこみ、家族たちをつれて乗った。／王は、クロノスの神に、どこの港に船を進めたらいいかをたずねた。神は、「神々の方へ」帆をあげて出航せよ、と答えた。／やがて大洪水が襲来し、あとの人類をみな一呑みにして、やがて水がひいた。／シストロスは、いろいろの鳥を放ったが、どこに止ったらいいか発見できなかったので、鳥は帰ってきた。それから何日かたって、王はまた鳥たちを放った。が、やっぱり帰ってきた。しかしその足に、ぬれた泥がついているのをみた。／三回目に鳥を放つと、鳥はもう帰ってこなかった。／シストロス王は、そこで、船がアルメニアの山の上に停止していることを知ったのだ。〉

さて、しかし、このベローズの『バビロニア誌』は、その原本が失われてしまっている。また、「前一世紀のポリュヒストルによるこの本の抜粋も原本が失われて、かろうじてエウスビオス（二六七〜三四〇）の『年代記』に利用されたものが、アルメニア語訳本と九世紀ビザンティウムのシンケルルスの引用によって伝えられている」（同上）のみだ。筆者は、このベローズの『バビロニア誌』については、ここでは除外したいと思う。紀元前二七五年頃に書かれたものとするなら、そのときすでに旧約聖書の「創世記」は存在している。この『バビロニア誌』は、それ以降の時代のものになるからである。

さて、聖書よりも時代的に先行するこれら『シュメールの洪水物語』『アトラハーシス叙事詩』『ギルガメッシュ叙事詩』には、聖書「創世記」のノアの箱船の物語を彷彿させる一文が含まれている。それらは、ノアの箱船の物語と、単にストーリーの骨組みが共通しているだけではない。その細部においても、一致する部分が見られる。

まず、ストーリーの骨組みの共通性について見ておこう。どの話も、ストーリーは次のように展開するのだ。

① 人間の悪行を見て、神が人間を滅ぼそうとする。
② その方法として洪水が選択される。
③ ただ一人の人間に洪水を予告し、船を作るように勧める。
④ 残りの人間（や動物）は滅亡し、その選ばれた者（とその家族や動物）だけが船に乗って助かる。
⑤ 洪水の後、その者（やその家族や動物たち）は、神から特別な恩寵を得る。

こうして、ストーリーの骨組みが共通しているということを示すだけでも、「創世記」のノアの箱船の物語が、聖書のオリジナルではないということをいうには十分であろう。

さて、これらを古い順に並べるとするならば、おそらく『シュメールの洪水物語』『アトラハーシス叙事詩』『ギルガメッシュ叙事詩』、そして聖書「創世記」のノアの箱船の物語という順になろう。しかし、『シュメールの洪水物語』『アトラハーシス叙事詩』『ギルガメッシュ叙事詩』にしろ、そして聖書「創世記」のノアの箱船の物語にしろ、その古い新しいがそれぞれの影響関係を規定するものではないのかもしれない。

というのも、芹澤さんも先に引用した論文のなかに述べていたように、これらの文献に書かれた大洪水伝承は、「少なくともイシン・ラルサ時代には（人々の間に—筆者補足）一般的に普及していた」ことが確認されている。『シュメールの洪水物語』『アトラハーシス叙事詩』『ギルガメッシュ叙事詩』にしろ、そして聖書「創世記」のノアの箱船の物語にしろ、その大洪水伝承を下敷きにして成立したものであろうといわれている。つまり、それぞれが別個に、その大洪水伝承を下敷きにしたのではないかとだ。たとえてみるならば、それぞれの文献は父―子―孫……の関係にあるのではなく、みな同じ父の子としての兄弟の関係にあるといった方が、より真実に近いのではないかということだ。

筆者はどちらかというと、この意見に賛成したい気持ちが強い。先行する文献からの影響ということについて、完全に否定することはできないとしてもである。

しかし、下敷きにしたといっても、むろんそのまま写したというわけではないだろう。「そのような伝承とその(当時の人々によって経験され、記憶されたところの―筆者補足)類似の現実とがない合わされ」(同上)たところに、成立したものであったに違いない。

筆者は本著第一章二節において、次のように述べておいた。「鳩やオリーブの樹が『平和のシンボル』であるということは、聖書が編纂された時代には、すでに通念として流通していたのではないかと思うのだ。いや、それに近い何かのシンボルとしてでもいい。聖書編纂者たちは、たとえば信仰を広める上でも、その人々の通念をより強化する必要があった。故に、ノアの鳩がオリーブの若葉(のついた小枝)をくわえてきたという話にして、そこに記すことになったのではないか。むろん、鳩がオリーブの若葉(のついた小枝)をくわえて帰ってきたという聖書に記されたそれと類似する話が、すでに当時の人々の間に流通していたのかもしれない」。

いや、鳩やオリーブが「平和のシンボル」として、あるいそれに近い何かのシンボルとしてあったのかどうか、また「鳩がオリーブの若葉（のついた小枝）をくわえて帰ってきたという聖書に記されたそれと類似する話が、すでに当時の人々の間に流通していたのか」どうかは、分からない。しかし、少なくとも大洪水物語については、間違いなく当時の人々の間に流通していたのである。

では、聖書編纂者たちは、すでに流通していたそうした通念を、そのまま聖書に反映させたのか。それとも、大洪水物語にしかすぎなかったものを、鳩がオリーブの若葉（のついた小枝）をくわえてきた話として書き改めたのか。

興味深いところであるが、その謎解きは今の筆者の手に余る。聖書研究の専門家たちの手にゆだねざるを得ない。

今の筆者にいえるのは、あいかわらず本著第一章二節で述べたことにすぎない。つまり、「それがすでに通念として流通していたものであったにしろ、大洪水伝承をそう書き改めたものであったにしろ、鳩がオリーブの若葉（のついた小枝）をくわえて帰ってきたという話として聖書に記した方が、聖書編纂者たちにとっては都合が良かったのだろう」とである。つまり、「人々の間に信仰を広める上では」である。

ところで、仮に大洪水伝承にすぎないものを、聖書編纂者たちが、鳩がオリーブの若葉（のついた小枝）をくわえて帰ってきた話に書き改めたのだとしたなら……。信仰を広める上でその方

	創世記	ギルガメシュ
洪水の範囲	地球規模	地球規模
原因	人間の悪行	人間の罪
その対象となったのは？	全人類	ひとつの都市および全人類
発動者	ヤハウェ（神）	“神々”の集団
英雄の名	ノア	ウトナピシュティム
英雄の性格	高潔	高潔
伝達の方法	神より直接	夢のなか
舟の建造を命じられたか？	命じられた	命じられた
英雄は不平を言ったか？	言った	言った
舟の高さ	数層	数層
内部の区画	多数	多数
扉	ひとつ	ひとつ
窓	少なくともひとつ	少なくともひとつ
外部の塗装	ピッチ	ピッチ
舟の形態	矩形	方形
人間の乗船者	家族の成員	家族および少数の友人
その他の乗船者	全種類の動物	全種類の動物
洪水の手法	地下水／雨	豪雨
洪水の期間	四十昼夜	六昼夜という短期
陸地発見の試み	鳥を放つ	鳥を放つ
鳥の種類	烏および三羽の鳩	鳩、燕、烏
箱舟の漂着地	アララト山	ニジール山
洪水後の供犠	有。ノアによる	有。ウトナピシュティムによる
洪水後の祝福	有	有

が都合が良かったのだとしても、筆者たちはそこに、聖書編纂者たちの卓越した創作力＝オリジナリティーを認めないわけにはいかない。そう書き改めることによって、いわゆる大洪水物語とは明らかに次元を異にする何かへと、物語そのものが変貌を遂げているように思われるからである。

さて、ストーリーの骨組みの共通性についてはは見てきたとおりだが、その細部の一致についてもここで見ておくことにしよう。しかし、煩雑になるのを避けるために、ここではノアの箱船の物語と『ギルガメッシュ叙事詩』の二つにしぼって見ておくことにしたい。

先に引用した『ノアの箱舟の秘密』の主人公・聖書考古学者マーフィーの教室でも、ノアの箱船の物語とこの『ギルガメッシュ叙事詩』との類似性が話題になっている。都合がいいので、その場面を借りることにしよう。

〈ドン・ウェストが手を挙げた。／「マーフィー先生、ぼくは、世界のあちこちで語り継がれてきたさまざまな洪水伝説を調べてみました。すると、驚いたことに、世界規模の洪水の物語が、なんと五百以上もあったんです。いちばん有名なのは、ギルガメシュ叙事詩だと考えますが」／「その考えは、ドン、正しい。あの叙事詩の記述は、聖書にある洪水の記述に驚くほどよく似ている。じつのところ、両者をくらべてみるためのプリントを用意してあるんだ」〉

マーフィーは学生の一人に命じて、プリントを教室にまわす。プリントは、一七二頁のようなものであった。

このマーフィーが学生たちに配ったプリントについて、いくつか注釈をしておく必要があるだろう。筆者がこれまで述べてきたところと、関わるところもあるので……。

たとえば、箱船の「窓」についてである。マーフィーは、「少なくともひとつ」としている。しかし、箱船の造り方を神が示したなかにいう「箱船に窓を造り、上へ一キュビトにそれを仕上げ、また箱船の戸口をその横に設けて」（「創世記」第六章十六節）という言い方からして、窓は一つであったと考えるべきだろう。戸口を「その横に設けて」と神は指定しているのだから……。「外部の塗装」の項における「ピッチ」とは、筆者の用いた聖書では「瀝青《やに》」と表記されていたものだ。日本語聖書には、よく「アスファルト」などとも訳されている。

また、「洪水の手法」の項に「地下水／雨」とある。これは、「創世記」の「わたしは地の上に洪水を送って、命のある肉なるものを、みな天の下から滅ぼし去る」（第六章十七節）における「地の上に洪水を送って」の部分、「それ（洪水の起きた日――筆者注）はノアの六百歳の二月十七日であって、その日に大いなる淵の源はことごとく破れ、天の窓が開けて」（第七章十節）における「大いなる淵の源はことごとく破れ」の部分を、マーフィーが「地下水によって」と解釈したことによるのであろう。あるいは、マーフィーの使用した聖書には、その部分が、より地下水によることを暗示するような訳になっていたのかもしれない。筆者はしかし、それは海の水のことではないのかと思うのだ。それについては、第四章で述べたいと思う。

さらにいうなら、マーフィーは「洪水の期間」を「四十昼夜」としている。それは、「わたしは四十日四十夜、地に雨を降らせて、わたしの造ったすべての生き物を、地のおもてから拭い去る」（第七章四節）、「雨は四十日四十夜、地に降りそそいだ」（第七章十二節）、「洪水は四十日の間、地上にあった」（第七章十七節）によるものだろう。むろん、それは豪雨の期間であって、洪水の期間ではない。この第七章十七節は、さも洪水の期間のように記されているが、しかし「水は百五十日のあいだ地上にみなぎった」（第七章二十四節）のであるから……。

ちなみに、「四十日四十夜」の「四十」という数字には、具体的な数字としての意味はないのかもしれない。というのも、聖書のなかには、この「四十」という数字がやたらと出てくる。たとえば、モーゼに率いられて出エジプトしたイスラエルの民は荒野を四十年間さ迷ったのだ。また、そうして荒野をさ迷っているとき、モーゼはシナイ山頂で神より「十戒」を授けられている。モーゼはそのとき、シナイ山頂に四十日間とどまったとされている。そして、モーゼは四十年の三倍生きたのであった。ダビデもソロモンも在位したのは四十年間だった。キリストは四十日間、断食したのである。他にもいくらでも見つけられる。筆者は、「長い間」あるいは「しばらくの間」といったような時の経過を意味するものとして、単に儀礼的に使われている言葉なのではないかと思うのだ。

であるとすると、「創世記」における「（十月一日から―筆者補足）四十日たって、ノアは彼が造った箱船の窓を開いた」、そして烏と鳩を放ったという一節に対する解釈も違ってくる。烏と鳩が放たれた日は、十月一日から「長い期間を経過したある日」、あるいは「しばらくたったある日」ということになる。先に筆者は、鳩が箱船に乗せられてからノアによって放たれるまで、飛んでいなかった日数を太陰暦でざっと計算して「約二百五十日」と述べたが、「二百数十日」と変更しておかなければならない。

さて、それでは学生に配布したプリントにおいて、洪水の期間を「四十日四十夜」としたのは、マーフィーが「創世記」のその部分を読み違えたことによるのだろうか。いや、そんなわけはない。マーフィーは聖書考古学者なのである。

「創世記」第八章六節には、「四十日たって、ノアは彼が造った箱船の窓を開いた」とある。この「四十日たって」を、先に筆者が洪水の期間を示すものとして引用した「雨は四十日四十夜、地に降りそそいだ」（第七章十二節）等における「四十日四十夜」とイコールなものだと解釈したのだろう。雨が降り始め、洪水が始まってから「四十日たって」ということを意味する言葉なのだとだ。「洪水は四十日の間、地上にあった」（第七章十七節）を文字どおりに解釈したのだ。つまり、四十日四十夜降り続いた雨が止み、洪水もおさまったので、ノアは箱船の窓を開いて外の様子を見ようとした。そして、水が引いているかどうかを確かめるために烏を、そして次に鳩を放した……。いや、今、筆者が述べてきたところからいうなら、この「四十日」は、単に「長い期間」とでも、置き換えられるべきものなのだが……。

さらに、もう一つ。マーフィーが学生に配布したプリントは、「鳥の種類」を「鳥および三羽の鳩」としている。箱船に乗せられていた鳩が一番《つがい》であるならば、三羽ということはあり得ない。箱船から放たれた鳩について雄、雌の記述はないので、交互に放たれたということは考えられる。しかし、そうだとしても、二羽である。マーフィーは「創世記」のなかの「あなたは、すべての清い獣の中から雄とその雌を七対ずつ取り、清くない獣の中から雄と雌を一対ずつ取り、／また、空の鳥の中から雄と雌とを七つずつ取って、その種類が全地のおもてに生き残るようにしなさい」（第七章二節〜三節）により、鳩は七番十四羽が箱船に乗せられていたと解釈したのであろう。つまり、その内の三羽が、ノアの手によって箱船の窓から放たれたのだと。


ちょうどいいので、ここで述べておくが、聖書「創世記」のなかには実は二つの文章が混在しているのだ。

一つは『ジャヴィスト』、つまりジャヴェ（ヤハウエ）の説話である。もう一つは、『聖職者』（サセルドタル）、あるいは司祭の説話といわれるものである。前者は「J文書」、後者は「P文書」と呼ばれている。

アイザック・アジモフは、その著書『アジモフ博士の聖書を科学する』の「まえがき」に、次のように書いている。

〈聖書をもっとも注意深く研究してきた人びとによれば、世界の始まりの時期（「創世記」―筆者注）は、二つの文書――J文書とP文書に基づいている。／より古い方のJ文書は、イスラエルとユダの人びとの間に流布していたドラマチックな初期の伝説を含んでいる。J文書の物語はおそらく紀元前七〇〇年以前に書かれ、現在の形にされたものと思われている。当時、チグリス＝ユーフラテスの谷（現在のイラク）から興ったアッシリアが、西アジアで最強の国家をなしていた。／アッシリアが強大になる前でさえ、チグリス＝ユーフラテス文化は、紀元前三四〇〇〇年もの昔（この時、ここに住んでいたシュメール人が文字を発明した）から、西アジアを支配していた。シュメール人の伝説と、天地の創造や太古の物語に関する彼らの理論は、周囲のあらゆる民族にひろがって、強い影響を及ぼしていた（ちょうど今日、宇宙の創造と太古の歴史に関する西洋の学説がその他の民族に普及し、影響しているように）。／P文書はJ文書より遅れて、紀元前六世紀、ユダの人びと（ユダヤ人）がチグリス＝ユーフラテスの地に捕らわれていた時代（「バビロニア捕囚」の時代―筆者注）に集められ、一つにまとめられた。その頃、この地の支配民族はカルデア人で、首都はバビロンにあったため、P文書は、宇宙史のカルデア的またはバビロニア的見解とも呼べるものとなった――が、そうした見解もまた、シュメール人までさかのぼるほぼ三千年に及ぶ思想に基づいていた。〉

「これら二つの文書は、そのどちらもできるだけ損うまいとした敬虔な編纂者の手で一つにまとめられた」。それが、聖書「創世記」なのである。「創世記」の少なくとも第十一章までは、「ユダヤ人たちがバビロンの捕囚を解かれてイスラエルに戻った頃、つまり紀元前五〇〇年頃までに」、すでに現在の形のものができあがっていたといわれている。

つまり、聖書「創世記」の成立については、こうして約三千年にわたるチグリス・ユーフラテス文化（シュメール、アッシリア、バビロニア）の影響を考えないわけにはいかない。特にJ文書においては、それら文化の育んだ伝承と合致する部分が多い。しかし、ここでその問題に踏み込んでいくわけにはいかない。また、それはどちらにしろ、筆者の手に余ることだ。先に『シュメールの洪水物語』『アトラハーシス叙事詩』『ギルガメッシュ叙事詩』と、聖書「創世記」のノアの箱船の物語との類似性をめぐって述べておいたが、それで勘弁していただきたい。

ちなみに、筆者は本著第二章二節において、天地創造については、「創世記」第一章一節から第二章三節に記述された第一の創造物語と、第二章四節から記述された第二の創造物語とがあると述べた。この二つの内容は異なるものであった。たとえば、第一の創造物語では、神ははじめから複数の男女を創造したと描かれていた。それに対し、第二の創造物語では、最初アダム一人を創造し、後にそのアダムのあばら骨からイブを創造したと描かれていた。思い出していただけただろうか。この第一の創造物語はP文書によるものであり、第二の創造物語はJ文書によるものであったのだ。

さて、聖書「創世記」は、この二つの文書の「どちらもできるだけ損うまいとした敬虔な編纂者の手で一つにまとめられた」のだとアジモフはいうが、そうして「そのどちらもできるだけ損うまい」としたが故の重複や矛盾やおかしな点が、この「創世記」のなかには随所に見うけられる。いや、それはとても編纂といえるレベルのものではない。単に切り貼りにすぎないのではないか、といったレベルのものにしかすぎない。というのも、どれがJ文書によるものであり、どれがP文書によるものであるのかが、何度か読むうちには判然としてしまう程度の代物にしか仕上がっていないからだ。

J文書は細かいことには気をつかわず、事件をドラマチックに伝えようとするかの描き方がなされている。また、P文書の方は、たとえばノアの年齢、箱船の大きさ、洪水の続いた期間等々、数字に関してや、細部に対して丹念に描こうとしている。また、J文書では「主」(ヤハウェ)という言葉が、P文書では「神」(エロヒム)という言葉が使われている。そうした二つの文書の特徴を知っていて読むならば、なおさらにだ。

では、聖書編纂者たちは、なぜこのような下手な切り貼りをしたのか。興味をそそられるところである。両文書をそれと分かる形で残さざるを得ない事情が、聖書編纂者たちの間に何か存在していたのであろう。しかし、それが何であるのか。筆者はこの問題についても、今は聖書研究の専門家たちの手にゆだねるしかない。

聖書「創世記」に混在するJ文書とP文書

筆者と『ノアの箱舟の秘密』の主人公である聖書考古学者マーフィーの解釈が、なぜ違っていたのか。

それは、つまるところ、聖書「創世記」におけるこの二つの文書の混在に起因しているといっていい。筆者は主にP文書によったが、マーフィーはどうもJ文書によっているようだ。

何羽の鳩が箱船に乗せられていたのかということにかかわる部分を、両文書から引用しなおしておこう。たとえば、「創世記」第六章十七節から二十二節（第六章最終節）には、次のように記されている。

〈わたしは地の上に洪水を送って、命の息のある肉なるものを、みな天の下から滅ぼし去る。／ただし、わたしはあなたと契約を結ぼう。あなたは子らと、妻と、子らの妻たちと共に箱船に入るがよい。／また、すべての生き物、すべての肉なるものの中から、それぞれ二つずつを箱船に入れて、あなたと共にその命を保たせなさい。それらは雄と雌とでなければならない。／すなわち、鳥はその種類にしたがい、獣はその種類にしたがい、また地のすべての這うものも、その種類にしたがって、それぞれ二つずつ、あなたのところに入れて、命を保たせなさい。／また、すべての食物となるものをとって、あなたのところにたくわえ、あなたとこれらのものとの食物にしなさい。／ノアはすべて神の命じられたようにした。〉

ここに記されたのと同じ話が、第七章一節から五節までに、次のように繰り返されている。

〈主はノアに言われた。あなたと家族とはみな箱船に入りなさい。あなたがこの時代の人びとの中で、わたしの前に正しい人であるとわたしは認めたからである。／あなたは、すべての清い獣の中から雄とその雌を七対ずつ取り、清くない獣の中から雄と雌を一対ずつ取り、／また、空の鳥の中から雄と雌とを七つずつ取って、その種類が全地のおもてに生き残るようにしなさい。／七日の後、わたしは四十日四十夜、地に雨を降らせて、わたしの造ったすべての生き物を、地のおもてから拭い去る。／ノアはすべて主が命じられたようにした。〉

前者はＰ文書によるものであり、後者はＪ文書によるものだ。

箱船に乗ったのはノアとノアの家族たちの他、すべての「鳥」や「獣」や「地に這うもの」が各一番《つがい》ずつだったのか、それとも「清い獣」七番ずつ、「清くない獣」一番ずつ、「鳥」七番ずつだったのか。この「七」という数字も、聖書には頻出するものだ。

ところで、Ｊ文書にいう「清い獣」と「清くない獣」とは何のことだろう。おそらく、「清い獣」とは牛や羊や山羊などのように供犠に使用していい動物のことであり、「清くない獣」とは供犠に使用してはならない豚や馬や駱駝などのことであると思われる。と同時に、それは人間が口にしていい動物と、口にしてはいけない動物を示したものでもあろう。であるとするならば、「鳥」についてはすべて七番ずつとされているが、鳥はすべて清いもの＝供犠に使用しうる動物＝人間が口にしていい動物と考えられていたのだろうか。むろん、そう解釈せざるを得ないであろう。

確かに供儀自体は、大洪水以前のカインとアベルの時代から存在していた（「創世記」第四章二節〜四節）。しかし、聖書年代学的に見たこの「創世記」の時代には、まだ「清い獣」「清くない獣」の区別は存在してはいないのである。それが聖書中に明らかにされるのは、「レビ記」の年代に至ってである。つまり、イスラエルの民がモーゼに率いられて出エジプト（紀元前一二八〇年頃）し、四十年間（長い間）荒野をさ迷った後、カナンの地に定住するようになって以降のことでだ。少なくとも、「出エジプト記」の年代よりも以前に溯ることはできないはずである。モーゼがシナイ山で、神から「十戒」とともに六百十三にわたる「律法《トーラー》」を授けられたときよりも以前にはだ。「清い獣」「清くない獣」の区分は、この「律法《トーラー》」のなかに明らかにされているものだからだ。

ちなみに、「レビ記」のうちには、人間が口にしてはいけない鳥として、ハゲワシ、カラス、フクロウ、コウモリ、ダチョウ、カモメ、ペリカンなどがあげられている。すべての鳥が「清い獣」であったわけではないのだ。いや、人間が神から肉食を許されたこと自体、本著第二章四節に見てきたように、大洪水の後、ノアたちが箱船から出てからであったはずだ。

しかし、聖書「創世記」には、また「『清い獣』七番《つがい》ずつ、『清くない獣』一番ずつ、『鳥』七番ずつ」でなければ困る記述が存在していることも確かなのである。

〈（ノアが―筆者補足）六百一歳の一月一日になって、地の水はかれた。ノアが箱船のおおいを取り除いてみると、土のおもてはかわいていた。／二月二十七日になって、地はまったくかわいた。／この時、神はノアに言われた、／あなたは、妻と、子らと、子らの妻たちとともに箱船を出なさい。／あなたとともにいるすべての生き物、すなわち鳥と獣と、地のすべての這うものとを連れて出て、これらのものが地に群がり、地の上にふえ広がるようにしなさい。／ノアはともにいた子らと、妻と、子らの妻たちとを連れて出た。／またすべての獣、すべての這うもの、すべての鳥、すべての地の上に動くものは皆、種類にしたがって箱船を出た。〉（「創世記」第八章十三節～十九節）

問題は、それに続く第二十節である。そこには、こう記されているのだ。

〈ノアは主に祭壇を築いて、すべての清い獣と、すべての清い鳥とのうちから取って、燔祭《はんさい》を

祭壇の上にささげた。〉

つまり、ノアたちは箱船を出た後、こうして「主」に対して燔祭を捧げている。「燔祭」というのは、祭壇で、供えた動物を焼いて神に捧げる儀式だ。そのための「清い獣」と「清い鳥」は、当然、一緒に箱船に乗せられていた獣や鳥のうちから取られたのである。つまり、箱船に乗せられた生き物がすべて一番《つがい》ずつであったとしたならば、燔祭に捧げられたそれらの獣や鳥の種は、そこで絶えてしまうことになる。神がいくら、「生めよ、増えよ、地に満ちよ」（第九章一節）といったとしても、実現の仕様がない。

マーフィーが、「『清い獣』七番ずつ、『清くない獣』一番ずつ、『鳥』七番ずつ」というJ文書のそれを採用したのは、そのためであったのかもしれない。

いや、違う。マーフィーはJ文書を採用することで一貫していたにすぎない。この十三節から十九節までは「神」という言葉が使われ、二十節においては「主」という言葉が使われていることに注意してほしい。そのことからも分かるのだが、十三節から十九節まではP文書によるものであり、二十節はJ文書によるものなのである。実はP文書には犠牲《いけにえ》を捧げる記述がないのだ。故に、箱船に乗せるのはすべての生き物一番ずつでいいのである。しかし、こうして犠牲《いけにえ》についての記述のあるJ文書では、「『清い獣』七番ずつ、『清くない獣』一番ずつ、『鳥』七番ずつ」でなければならなかったのである。マーフィーは、もとよりこのJ文書によっていたに過ぎない。

中東およびアフリカ　バビロン、バペディ、中央アフリカ、カルデア、エジプト、ホッテントット、ジュマラ族、南コンゴ、マサイ族、オチ族、ペルシャ、シリア

太平洋諸島　アラムブラック族、セラム島アルフール、アミ族、アンダマン諸島、オーストラリア、ブンヴァ、西イリアン（旧オランダ領ニューギニア）、東インド島、エンガーノ、ファルウォル族、フィジー、フローレス島、台湾、ハワイ、カビディ族、クルナイ族、リーウォード諸島、マオリ族、メラネシア、ミクロネシア、ナイス、ニューブリテン、オセイテ島、オトダノム（旧オランダ領ボルネオ）、ポリネシア、オーストラリア、クイーンズランド州、ロッティ族、サモア、シーデュアク、スマトラ、タヒチ、トラジャ、ニューギニアのヴァルマン族

極東　バーナラ、インド・ベンガル州コウル族、マレー半島のベヌア・ジュクン族、バガヴァッタ、中国、シグポー、インド、ミャンマーのカレン族、マハーバーラタ、マツヤ、パキスタンのスダン族、タタール族

ヨーロッパおよびアジア　アパメア、アポロドートス、アテネ、ケルト、コス島、クレタ島、ディオドロス、ドルイド教徒、フィンランド、ヘレヌコス、アイスランド、ラップランド、リトアニア、ルキアノス、メガロス、ノルウェイ、オギュゴス、オウィディウス、ペリロース、ピンダロス、プラトン、プルタルコス、ロードス島、ルーマニア、ロシア、サモトラケ島、シベリア、シソニア半島、テッサロニキ、トランシルヴァニア、ウェールズ

北アメリカ　アカヒーメン族、アリューシャン・インディアン、アルゴンキン族、アパラチア・インディアン、エスキモー、アサパスカ族、ブラックフット・インディアン、チェロキー族、チペワイアン族、クリー族、ドグリブ族、アレウト族、フラットヘッド族、グリーンランド、イロコイ族、マンダン族、ネズパース族、ピマ族、スリンカット族、ヤキマ族

中央アメリカ　アステカ族、アンティル諸島、カナリア諸島、キューバ、マヤ族、メキシコ、ムラト（白人と黒人の混血）集団、ニカラグア、パナマ・インディアン、トルテカ族

南アメリカ　アベデリー族、アシャウォ族、アラワク族、ブラジル、カイングア族、カラヤ族、インカ族、マクシ族、マイプレ族、オリノコ・インディアン、パマリ族、タマナク族

Ｊ文書とＰ文書が混在していることを知らずに読むと、このような矛盾にぶつかるたびに、その解釈をめぐって悩まされることになる。ちなみに、こうしてマーフィーがＪ文書によっていたのだとしたならば、第二章四節に見てきたような箱船に乗せる動物についてのマーフィーの計算自体が成りたたないということになるのだが……。

ところで、マーフィーの教室の学生ドン・ウェストは、「ぼくは、世界のあちこちで語り継がれてきたさまざまな洪水伝説を調べてみました。すると、驚いたことに、世界規模の洪水の物語が、なんと五百以上もあったんです」と発言していた。マーフィーは準備がいい。学生たちのために、そのプリントも用意してきている。

〈地球規模の洪水に関する物語は、ギルガメシュ叙事詩だけでなく、全世界のきわめて多数の国で世代をこえて語り継がれてきている。それらの伝承は、細部ではそれぞれ異なった点が多々あるにしても、いずれの文化においても、過去のある時点で地球規模の洪水が生じたという信仰を含んでいることは否定できない。〉

マーフィーはそう述べて、前頁のようなプリントを学生たちにまわした。そして、マーフィーが、「(プリントにあるように―筆者補足) 数多くの民族集団が洪水の伝説を文化のなかに継承している」と話を続けようとしたとき、学生の一人ポール・ワラックが手をあげた。

〈「うん、ポール」／「異なった集団が似たような伝説を持っているのは、部族のだれかが別の国へ旅をしたからかもしれないのではないですか？　もしかすると、だれか宣教師が洪水のことを告げてまわったために、異なった集団が洪水の伝説を持つようになったとか？」／マーフィーはうなずいた。／「その可能性はあるだろう。しかし、そうだとすると、それはとほうもない大旅行になるだろうね、ポール。それに、たとえば、パプアニューギニアのジャングルに住む部族のだれかが、それほど遠方に旅をしたというのは、ちょっと考えにくい。あの国だけでも、八百六十にのぼる言語があるんだからね。また、宣教師が世界を巡回したとすれば、総計百三十もの言語に聖書を翻訳したということになるし、それだけでなく、新たに発見された部族までが洪水の伝説を持っていたりするんだ。／一例を挙げてみよう。パプアニューギニアの西地区に、サモ・クボと呼ばれる部族がいる。あるとき、宣教師たちがその辺境の部族を訪れてみると、彼らが洪水の伝承を持っていることがわかった。その部族のひとびとは、トカゲを怒らせたら、また洪水がやってきて、世界はふたたび破滅すると信じていたんだ。もし、その前に別の宣教師たちがそこに来ていたのだとすれば、どうだろう。彼らが、トカゲが洪水で世界を破壊させるなどという話を教えたはずはないだろうね」／マーフィーはシャリ（学生の一人─筆者注）に、プロジェクターのスウィッチを入れてくれと頼んだ。／「いまから見せるのは、洪水の物語がどのように伝わりえたかを示す図だ。中東のところから世界のあらゆる場所へ、矢印がのびているのが見えるだろう。ノアがアララト山に着いたあと、人間の数はどんどん増えていき、やがて、バベルの塔が建設されたと言われている。そのとき、神が全地のことばを乱され、ひとびとは世界中にちらばっていった。長年のあいだに、その物語は広く伝わっていき、それぞれの土地で改変された。このように考えるほうが、全世界に五百をこえる数の洪水伝説が残っている理由の解釈としては論理的だろう。すべての伝説は、ひとつのみなもとから出ていると、わたしは考えている。共通の起源を持つのだと」〉

マーフィーの論理はぐちゃぐちゃだ。

パプアニューギニアだけで八百六十にのぼる言語があるとしたならば、「宣教師が世界を巡回した」として、百三十の言語に聖書を翻訳するだけですむわけがないではないか。そんな茶々もいれたくなるが、それには目をつむろう。もっと重要なことがあるからだ。マーフィーはここで、バベルの塔を建設したことによって神に言葉を乱され、世界に散らばることになった人たちは、世界の隅から隅まで行ったという前提に立っている。しかし、そうであるならば、マーフィーがここで例にあげているサモ・クボ族だって、そうして言葉を乱され世界に散らばった人たちの末裔ではないのか。新たに発見された部族で、「トカゲを怒らせたら、また洪水がやってきて、世界はふたたび破滅する」という洪水伝承を持っていたという、そのサモ・クボ族にしてもだ。

マーフィーは、宣教師たちが彼らにそんな話を教える訳がないという。故に、宣教師がこの地に足を踏み入れたのは、このときが最初なのだと。むろん、宣教師が教えるのは、聖書「創世記」の洪水物語であるに違いない。

しかし、言葉を乱されることによって世界に散らばることになった人たちが携えていった洪水伝承も、もとより聖書「創世記」のそれと大差のないものであったはずだ。大洪水の方が、聖書年代学的に、バベルの塔の話よりも以前の出来事だからである。「長年のあいだに、その物語は広く伝わっていき、それぞれの土地で改変された」のだとマーフィー自身が語っているのは、そうしてバベルから世界に散らばっていった人々が携えていった洪水伝承のことだ。そのことをもって、洪水伝承が共通の起源を持つとマーフィーは主張しているのだから……。しかし、そうであるとしたなら、サモ・クボ族においては、聖書「創世記」の洪水物語と大差のないそれが、「トカゲを怒らせると……」という話にまで改変されることになったのだと解釈せざるを得ない。

それでは、なぜサモ・クボ族においては、それが「トカゲを怒らせると……」などという話にまで改変されることになったのか。マーフィーは、それについて説明しなければならないはずだ。洪水伝説が共通の起源を持つと主張するためにはである。

しかし、マーフィーはそれをせずに、「このように（「長年のあいだに、その物語は広く伝わっていき、それぞれの土地で改変された」と──筆者補足）考えるほうが、全世界に五百をこえる数の洪水伝説が残っている理由の解釈としては論理的だろう」と述べている。筆者には、その神経が信じられない。

五百を越える民族・種族・集団が洪水伝説を持っているのは、それぞれが個別に、自らの歴史のある時点において、洪水にあった経験を有しているからだとも考えられる。「共通の起源を持つのだ」とする説に固執し、「それぞれの土地で改変された」のだなどというよりも、そう考えた方がよほど現実的ではないか。それぞれの民族・種族・集団が、それぞれ個別に経験した洪水を、それぞれの民族・種族・集団の文化によって解釈し、意味付けして、それぞれ今日にまで伝承してきたのだと考えた方がである。サモ・クボ族の「トカゲを怒らせると……」という伝承についても、そうしたものとして解釈した方がいい。

むろん、ある祖型から派生したと思われる、血縁関係を感じさせるような洪水伝承も、多く存在する。しかし、サモ・クボ族のそれが、聖書「創世記」の洪水伝承と血縁関係があるとは考えられない。マーフィーもまた、宣教師たちがそんな話を教えるわけがないと述べている。それは、サモ・クボ族の洪水伝承が聖書「創世記」の洪水物語とは似ても似つかないものだと、マーフィーが思ったということを物語っているのではないか。つまり、とても血縁関係があるとは思えない代物でしかない、とである。

いや、そもそもマーフィーは、聖書「創世記」に描かれた洪水物語が、現実に起こったことだと考えていたのではなかったか。洪水は全世界的な規模のもので、エベレスト山をも覆うほどの水が出たと考えていたのではなかったか。としたら、世界中のそれぞれの民族・種族・集団が、そのとき同時に洪水を経験したことになる。マーフィーのここでの議論は、そもそも成立しないということになる。ここでの議論は、洪水はメソポタミア地域限定の洪水であったという立場からなされているのだから……。

「共通の起源を持つのだ」とする説への固執は、端的にそれを示すものだ。マーフィーは、ここで洪水伝説がどう世界に伝播したかを、プロジェクターを使って学生たちに示してもいるのだ。しかし、そのことは世界的規模の大洪水の存在を否定することにしかならない。

マーフィーはこの講義の最後に、「開かれた心で聖書を読み、その教えをよく考える」ようにと学生の一人に注意している。そして、講義を次のようにまとめる。マーフィーは学生たちに、こう語っている。

〈「だれかが箱舟の残骸を発見したらどうなるかということを、考えてみよう。それは、これまでもっとも重要な発見ということになるだろう。しかし、さらに畏怖すべきは、それは、神がほんとうに洪水によってこの世の悪を裁いたことの証明ともなるんだ。そして、聖書にある、その洪水による裁きの予見が正確であるのならば、つぎの裁き――イエスの語る、人の子の裁きの予見もまた、正確であるにちがいないということになる！」〉

マーフィーは、ここではまた、全世界的規模の洪水があったのだという立場に復帰している。

これでは、学生たちもたまったものではない。頭のなかは、混乱するだけだろう。

いや、マーフィーのこれらの言説は、マーフィー自身にとっては矛盾するものではないのかもしれない。大洪水当時、人々はメソポタミアの地にしか住んでいなかったのだと、マーフィーが考えているのだとしたならばだ。聖書編纂者たちは、大洪水以降、バベルから世界に散らされるときまで、人々はバベルとその周辺にしか住んでいなかったと考えていたのではないかと、筆者は先に述べた。としたならば、大洪水時に人々が住んでいたのも、このメソポタミアの地だけであったとマーフィーが考えたとしても、不思議ではない。そして、そのときの洪水は、しかしメソポタミアの地に限定されたものではなく、全世界的規模のものであったと、マーフィーが考えていたのだとしたら……。

まさかとは思うが、そう読むときには辻褄があわないわけではない。

なお、世界の洪水伝説については、J・G・フレーザーの『洪水伝説』に詳しい。参考にしてほしい。

第四章　ノアの箱船はなぜ人々の心をとらえるのか

鳩の帰巣を可能とするメカニズム

さて、筆者は、先にこう述べておいた。

ノアによって箱船から放たれた鳩は、大洪水以前にノアの家があったと推定されるウルあるいはシュルッパク方面を目指して、南南東の方角に飛んだと考えられると。つまり、かつて自分たちの巣のあった地を目指してである。

最初に放たれたときも、鳩はそうして南南東の方角に飛んだはずだ。むろん、一面がまだ水に覆われていたのだから何の目印もない。いや、それから七日たって二度目に放たれたときも、水はわずかに引いていただけで、オリーブの若葉のついた小枝の落ちていた地が、かろうじて水面に顔を出していたにすぎない。つまり、最初に放たれたときと同じように、何の目印になるものもなかったはずである。そして、目印がないということならば、さらにそれから七日たって三度目に放たれたときも同じであった。水がずいぶん引いていたのだとしても、洪水によって、地はすべて洗い流されてしまっていたのだから……。いや、そもそもこの鳩が放たれたアララト山頂自体が、鳩には初めての場所であったのだから……。

それでも、鳩はこの三度目に放たれたときには、かつてノアたちの住んでいた場所、自分たちの巣のあった場所にまで行きつき、そして再び箱船にまで戻ってくるという大飛翔をやってのけたのである。

では、鳩はどのようにして、自分たちのかつての巣のあった地の方向を知ることができたのか。目印になるようなものは、もとより何もないのである。にもかかわらず、なぜ方向を知ることが可能であったのか。

筆者はこれまで、鳩には帰巣能力があるからだと述べて、そのことについて不問に付してきた。では、その帰巣能力とはいかなるものか。その不思議な能力について、やはりここで触れておかなければならないだろう。

筆者はすでに、一度目に放たれたときと、三度目に放たれたときのことについては述べてきた。それらの正否について検証するためにも、必要なことだと思われる。そして、とりわけ筆者が先にペンディングにしておいた問題、つまり二度目に放たれたときに、鳩はどこからオリーブの若葉のついた小枝くわえてきたのかという問題の、その謎解きを進めるためにも、この鳩の不思議な能力についてここで触れておかざるを得ない。

①　視力説

鳩はどのようにして、自分が帰るべき地の方角を知るのか。従来、それを説明するものとして、次のような三つの説が唱えられてきた。

② 太陽コンパス説
③ 地磁気説

順番に、①「視力説」から見ていこう。それは、こういう説である。

鳩の眼は人間の眼とは比較することができないほど、遠くのものを見ることができる。故に、遠くからでも鳩舎を発見することができ、飛び帰ることができるのだ……。

鳩を放すと、鳩は幾度となくその上空を旋回する。この旋回による方向判定は、二、三分で終わることもあれば、時には数十分かかることもある。右回り、左回りと繰り返し、その円の直径は四、五百メートルから数キロメートルにわたることもある。そして、ひとたびこの方向だと判定がつくと、その方向へと鳩は一目散に飛び去っていく。

その旋回する様子を見て、鳩舎を探しているのだと思った人がいたのかもしれない。そして、一目散に飛び去ったのは、鳩舎を見つけることができたからに違いないと。

しかし、地球は丸いのである。すでに見てきたように、何も遮蔽物がないとしても、百キロメートル先の目的物をとらえるには七百八十五メートルの高さにまで、二百キロメートル先の目的物で三千百四十三メートルにまで、三百キロメートル先では七千七十六メートル、四百キロメートル先では一万二千五百八十六メートル、五百キロメートル先ではなんと一万九千六百八十八メートルの高さにまで上がらなければならない。一万メートルまで上がると気圧は地上の十パーセント以下になり、空気だってうんと薄くなっている。気温も零下五十度まで下がる。むろん、鳩がそんな高さにまで上がれるわけがない。

鳩の上がる高さは、述べたようにせいぜい三百メートルぐらいだ。それ以上の高さに上がるのは、山脈のようなどうしても越えなくてはならない目の前の障害物を越えるときぐらいのものである。それも障害物をすれすれの高さで越える。むろん、越えなくてすむように谷間になったような場所を探し続けて、それが見つけられなかったようなときにそうするにすぎない。逆風のときなどは、地面から十メートルに満たない高さを飛ぶし、海上では波にとられかねない高さを飛んだりもする。むろん、放鳩されたとき、そうして逆風であったり、あるいは気流等の関係で、数十メートルの高さにまでしか上がれない場合だってある。

ごくごく短い、たとえば二十キロメートルや三十キロメートルくらいの距離からの放鳩ならいざ知らず、放鳩地の上空から鳩舎を発見するなど、もとより無理な相談なのである。そのごくごく短い距離での放鳩にしろ、もやっていて視界がきかなかったり、放鳩地と鳩舎との間に何か障害物が立ちはだかっていて、見えない場合だってあるだろう。いや、そうした場合の方が圧倒的に多いはずだ。

つまり、この「視力説」だけで説明することは無理なのである。故に、この「視力説」は今日、「記憶説」と結びつけて説明されている。

鳩はそうして旋回しながら、その視界のきく範囲の風景を情報源として、地形にしろ何にしろ何か自らの記憶に合致するものがないか、照合を試みているのだ。その照合の結果を総合的に判断して、飛翔コースを定める。そして、飛翔コース上においてもその照合を繰り返し行なうことによって、コースが間違っていないかを確認する。むろん、間違っていたならコースを修正する。そうした作業を繰り返しながら、帰ってくるのである。ぶっちゃけていうならば、記憶にある目標物を次々にたどるようにして帰ってくるのだということだ。

むろん、中・長距離レースにおいても、その放鳩地からのレース経験の豊富なベテランの鳩ほど、スムーズに帰ってくる。何度も飛んでいるコースであるので、コース上の記憶物もそれだけ多いということだろう。こうした経験に照らしてみても、この「視力（プラス記憶）説」にはそれなりの説得力がある。

しかし、鳩はまったく見知らぬ土地で放たれても帰ってくるのだ。たとえば、五百キロメートルレースまでしか経験していない鳩を、一気に千キロメートルレースにジャンプさせる。つまり、照合すべき記憶などまったく存在しない土地から放たれたとしてもである。むろん、鳩は集団で飛ぶ。レースの場合、その集団に引っ張られるようにして、五百キロメートル地点まできたということも考えられないわけではない。しかし、まったく見知らぬ土地から単羽放鳩した場合でも、帰ってくる。集団の場合より帰還率も落ちるし、時間がかかるとしてもである。「視力（プラス記憶）説」は、この事実をどう説明するのか。

また、レースの放鳩に立ち会った人の話として、よくこんな話を聞く。

三百キロメートルぐらいまでの短距離レースだと放鳩した際の方向判定までの旋回回数が多く、千キロメートルレースといった長距離レースだとほとんど旋回することなく、鳩は蛇行するようにして帰還地へ向けて飛び去る……。それは、短距離レースでは放鳩地に着いて比較的時間を置かずに飛ばすことが多く、長距離レースでは鳩を休ませたり、あるいは天候の関係などで、放鳩地に何日間かとどまることが多いからではないか。つまり、短距離レースでは、方向判定を放鳩された後に行なうので時間がかかる。しかし、長距離レースでは、すでに現地に逗留している間に鳩は方向判定を終えているのではないか。故に、ほとんど旋回することなく帰還地を目指すことができるのではないか。

「視力（プラス記憶）説」では、この長距離レースの放鳩の際に経験される事実は、どう説明できるのか。短距離レースにおけるそれについては、いいとしてもである。

さらには、卵のときによその鳩舎にあげたにもかかわらず、その鳩が飛べるまでに成長した後、帰ってきたという話もよく聞く。むろん、よその鳩舎で孵化したのだから、鳩はこちらの鳩舎を知る由もないし、鳩舎に帰るために照合すべき記憶など何も持ってはいないはずである。にもかかわらずである。また、種鳩として購入して自鳩舎では一度も舎外をさせたことがないにもかかわらず、その鳩を売却した際、その売却先の鳩舎から逃げ出して帰ってきてしまったなんて話も聞く。

こうした事例についても、「視力（プラス記憶）説」では説明がつかない。

次に②「太陽コンパス説」である。

一言でいうなら、鳩は太陽の位置を見ることによって、自鳩舎のある方向（とその距離）を知るのだという説である。

確かにどんよりと曇った日や、雨の降っている日などは、鳩が帰還するのに時間がかかるし、帰還率も悪い。また、そうした日には、鳩も放鳩地の上空をいつまでも旋回し続け、方向判定がしづらいように見える。そんな鳩を飼う人たちの実際の経験もあって、この説は現在も多くの人たちに支持されている。

この説は、昔から唱えられてきた。しかし、実証的な研究成果として明らかにされたのは、一九四九年にドイツのクラーマーを中心とするグループによるものが最初である。クラーマーはその研究成果を踏まえ、「鳩達はある種の能力で自分が鳩舎に対してどちらの方位にいるかを確め、帰路に向かう方角を判断し、それから太陽を使ってその方位を探し出すのだ」（『愛鳩の友』七五年九月号「鳩はどのようにして帰るのか」）と主張した。

しかし、クラーマーのこの説はちょっと脇に置いておこう。彼の説では、鳩は「ある種の能力で自分の鳩舎」のある方角を事前に知りうることが前提になっている。そして、その方角がどっちなのか、鳩はその方角を探すためにだけ太陽を使っているという説だからだ。それよりは、イギリスのマシューズが一九五三年に発表した説の方が、ここにいう「太陽コンパス説」にふさわしいと思えるからだ。

マシューズは、こう述べている。「鳩は太陽の高さから南北の移動を判断し、放された場所の太陽時と自分の体内時計との時差から東西の移動を判断する。そしてこの両方を組み合わせて鳩舎の方向を知る」(同上)。

つまり、こういうことだ。鳩舎より南の方角に持ってこられれば、太陽の位置は鳩舎で見ていたそれより高くなる。そのことによって、鳩は鳩舎が北の方角にあることを知る。また、鳩舎より東の方角に運ばれれば、たとえば自分の体内時計は午前九時であるにもかかわらず、自分の鳩舎から見る太陽の午前九時の位置より、太陽は進んでいることになる。たとえば、午前十時の位置にあったりする。それによって、鳩は自分の鳩舎が西の方角にあることを知る。こうして得られた緯度と経度の情報を組みあわせて、鳩は自鳩舎の方角を知るのだ。また、自鳩舎からどのくらい離れたところにいるのかということについても知るのだ。

実に明解であり、魅力的な説である。故に、このマシューズの説は多くの支持者を得た。そして、その説に基づいて多くの実験も行なわれた。「その一つを紹介すると、例えば、太陽の高さによって南北の位置(緯度の変化)を知るとすれば、太陽の高さが非常に変化する秋分の頃、鳩を太陽の見えない室内に閉じ込め、明るさだけは人口灯で規則正しく夜昼を与えておくとどうなるだろうか。一〇日程たったとき、実際の太陽の高さは大分低くなっているだろう。そこで閉じ込めておいた鳩を南に運ぶ」(同上)。そして、正午に放してみる……。

南に運ばれたのだから、正午の太陽の位置は当然、鳩が鳩舎で見ていたそれよりも高くなっているはずだ。しかし、閉じ込められていた鳩が比較できるのは十日前の太陽の高さである。つまり、南に運ばれたにもかかわらず、鳩には正午の太陽の位置が低くなったようにしか見えない。鳩は、そのことによって太陽が低く見える方角、「即ち北へ運ばれたと錯覚して、鳩舎とは反対の南方に飛んでいってしまうかも知れない。／実験の結果は予想通りだった。鳩の大部分が鳩舎とは反対の南方に向って飛んでいってしまったのである」(同上)。

しかし、残念ながら今日、このマシューズの説はその見かけの完璧性にもかかわらず、すでに破綻を宣告されてしまっている。その後も繰り返された様々な実験結果の多くは、このマシューズの説の見かけの完璧性が正しくないことを示したからだ。

たとえば体内時計を六時間遅らせた鳩を、南百五十キロメートルの地点で正午に放すという実験である。マシューズの説が正しければ、鳩は西方向に飛ぶはずだ。

つまり、鳩は放鳩地において太陽時が正午であることを知る。普段、自分の鳩舎では正午の時間に見える位置に、太陽があることをである。しかし、自分の体内時計は午前六時であるから、とんでもなく東の方角に持ってこられたと勘違いするはずだ。経度でいったら九十度分、つまりある任意の緯度における地球四分の一周分東にある場所に持ってこられたとだ。この六時間の時差が示す距離に比べて、実際に持ってこられた鳩舎から南百五十キロメートルの距離が無視していいものだとしたならば、鳩は西方向に飛ぶはずである。南百五十キロメートルの距離についても無視しないで考えるならば、限りなく西に近い北方向にということになるだろう。

しかし、鳩は東方向に飛び去ったのである。

この結果は何を意味しているのか。鳩はなぜ西ではなく、東を目指して飛び去ったのか。

これについて説明するには、先に脇にのけておいたクラーマーの説を持ち出す以外にない。つまり、はからずもこの実験結果は、クラーマーの説の正しさを証明するものとなっているのだ。

つまり、クラーマーのいうように鳩は「ある種の能力」をもって、南へ持ってこられたこと＝鳩舎は北の方角にあることを知った。そして、後にその北の方角を探すために自分の体内時計と太陽を利用した。つまり、体内時計は午前六時を示している。その午前六時には太陽は東の方向にあるはずだ。そして、今こうして見えている太陽の方向こそが東なのだと鳩は考えた。故に、北へと進路をとるために、その太陽に向かって時計とは逆周りに九十度ずれた方向へと翼を向けた。むろん、鳩が東だと思い込んでいた太陽のある方向は、実際には南なのである。故に、鳩は東へと向かうことになった……。

ちなみに、体内時計を遅らせるのは、それほどむずかしいことではない。クラーマーによると、自然光から隔離した状態の下で、人工照明を使って、不規則なリズムの下に四、五日おけば鳩の体内時計は狂うという。その後は任意に、人工照明に従って進めたり、遅らせたりすることができるという。

クラーマーの説の正しさは、他の多くの実験でも追認されることになる。

しかし、クラーマーの説では、見てきたように「ある種の能力」をもって鳩は鳩舎のある方角が分かっていることが前提になっている。そして、それはあくまで「ある種の能力」であって、それがどんなメカニズムに基づく能力であるのかは明らかではないのだ。「太陽コンパス説」は、多くの人に支持されつつも、実はこうした中途半端な説でしかないのだ。

むろん、方向判定をする上で、太陽の存在が重要な役割をはたしていることに、変わりはないとしてもである。

いや、多くの競翔家（鳩のレースを楽しむ人たち）が「太陽コンパス説」として支持しているのは、このクラーマーの説ではなくて、マシューズの説であるようだ。いまだ、その見かけの完璧性に、人々は魅力を感じているようなのである。

さて、アメリカのキートンを中心とするグループは、こんな実験を行なっている。

見てきたように、六時間体内時計を遅らせた鳩を正午に飛ばした結果は、鳩は鳩舎のある北を目指して飛ぼうとして東へと翼を向けてしまったのであった……。では、そうして体内時計を六時間遅らせた鳩を、完全な曇り空の下で放したらどうなるか。

その結果は、体内時計を六時間狂わされた鳩も東方向へと飛び去ることはなく、正常な鳩と同じように、正しく鳩舎のある北方向へと飛び去ったのであった。

キートンはこの実験結果から、次のような結論を導き出す。『愛鳩の友』一九七五年九月号の

「鳩はどのようにして帰るのか」から、引用しておこう。

① 完全に曇った日には、鳩は太陽コンパスを使っていない。
② 鳩の帰巣の能力には機能代償性があり、太陽コンパスを利用できるときはそれを使い、利用できないときは他の情報源を代わりにしている。
③ 太陽コンパスの代わりに使われた情報は、鳩の体内時計とは関わりがない。
④ 鳩が一度も行ったことのない遠方から、曇った日にも方位を判定できる点で、それは「視力プラス記憶」に頼ったものといえない。

太陽コンパスによるものでも、視力（プラス記憶）によるものでもないとしたら、では何によって鳩は方向判定をしているのか。

可能性として考えられるのは、残っている③「地磁気説」でしかない。

鳩は地球の磁場を感受することができるのだということの「地磁気説」も、昔からいわれてきたものだ。しかし、その実験が行なわれるようになったのは、太陽コンパス説と同じく最近になってからのことである。

キートンもこの「地磁気説」を確かめるために、こんな実験を行なっている。

それは、鳩に磁石をとりつけ、もう片方の鳩には同じ重さの真鍮をとりつけ、放鳩してみるというものである。

晴れた日にこの実験を行なったときは、どちらの鳩も変わらず鳩舎に向けて方向判定した。つまり、なんら影響がないように思われた。しかし、曇天の日に放鳩すると、磁石をつけた鳩のほとんどが鳩舎とはかけ離れた方向へと飛び去った。そして、真鍮をつけた鳩には、このような変化は見られなかった。

ウオルコットとグリーンを中心とするグループも、こんな実験をしている。これも、アメリカで行なわれた実験だ。「磁石の代わりに一対のコイルを使い、（小さな水銀電池から―筆者補足）コイルに流れる電流を左まわりと右まわりにセットし、それぞれ別の鳩（の頭―筆者補足）にとりつけて放鳩する」（同上）。そうして、鳩の頭のなかに人工的な磁場を誘導してみたらどうなるか。

その結果は、晴れた日の放鳩では、どちらの鳩の方向判定にもほとんど差がなかった。しかし、曇りの日に放鳩してみると、右回りのコイルをセットした鳩は鳩舎とは反対の方向に飛び去ったのである。

キートンのそれにしろ、ウオルコットやグリーンのそれにしろ、これらの実験結果は、明らかに磁気的情報が鳩の帰巣に大きな役割を果たしていることを示している。

地磁気は、地球上の各地点において、磁極に対する方向とその傾斜が異なる。磁石を水平に置くと、針は磁極（地理学上の磁極とは少しずれる）を指す。この針は決して水平ではない。北半球では、北の方が下に傾いている。この傾斜はその地点の緯度によって異なる。磁極に近づけば近づくほど針の傾斜は大きくなり、磁極の真上では垂直に立つはずだ。逆に赤道上では水平になるはずである。

この針の指した方向と北極を結び、逆に延長して南極を結ぶ。この線が経度である。また針の傾きが同じになる地点をとって、ぐるっと地球上を結ぶ。この線が緯度である。つまり、鳩がこの地磁気を感受することができたならば、緯度と経度を情報として与えられたことになる。つまり、地図の上で一点を指し示すように自分のいる場所が分かるということだ。それと記憶している自鳩舎でのそれとの誤差を解消するように飛べば、自ずと鳩舎にたどり着くことができるというわけだ。

地球の磁場は、鳥の渡りや蜜蜂の帰巣に大きな影響力を持っているともいう。鳩についても同じだろう。

いくつか例をあげておこう。

たとえば、太陽の黒点の多い年、つまり太陽の活動の活発な年には大きな磁気嵐が頻出するため、レースにおける鳩の帰還率が悪いということは昔からいわれている。また、鳩は地震が起きると飛ぶのを止めてしまうともいわれている。舎外中の鳩は、あわてて鳩舎の屋根に戻ってくるし、レース途中の鳩も地上へ降りてしまうという。むろん、地震の際に地磁気が乱れることはよく知られていることだ。

また、最近では都会の鳩ほど、レースにおける帰還率が悪いといわれている。携帯電話の多さやその中継基地の存在が、地磁気を乱しているからだという。そうでなくても、地磁気は鉄製のものや電気によって影響を受ける。鉄筋コンクリートのビルが林立し、鉄の塊の電車や車が縦横無尽に行き交い、また電力消費量の多い都会に、地磁気を乱す要因が多いことは確かだろう。

一九七〇年代中頃、レースで夜も飛び続ける鳩を作ろうと夜間放鳩訓練をしたことのある石鍋善三さん（日本鳩レース協会足立連合会所属）は、その訓練の過程で、鳩の帰巣は鳩舎から発せられる磁力によるものだとの考えを持つようになったという。むろん、「太陽コンパス説」も「視力（プラス記憶）説」も崩れざるを得ない。なにしろ、鳩は暗闇のなかを帰ってくるのだから……。この夜間放鳩訓練の模様については、前著『三億円事件と伝書鳩／1968—69』に詳しく書いたので、そちらの方を参照していただきたい。また、フランスの有名な競翔家ピエール・ドルダンも、石鍋さんより以前に同じことを試みている。そして、彼もまた、この夜間飛翔によって帰還する鳩たちについては、「ある仮説のように、視覚による記憶とは考えられないし、太陽によって自分の位置を確認するのでもない。……夜間の方位測定をみると、鳩はまるっきり見えないゴールに対して自分を向けることができる。このことは、鳩の棲息地帯、つまり鳩の生活圏から特殊な電波が出ているという仮説と全く一致するものである」（『愛鳩の友』六七年七月号「海外だより」）と述べている。

さて、石鍋さんは「鳩舎から発せられる磁力」という言い方を、ピエール・ドルダンは「鳩の生活圏から（出ている—筆者補足）特殊な電波」という言い方をしている。「電波」は「磁力」と置き換えてもいいだろう。つまり、二人とも、鳩は「磁力」に導かれて鳩舎へのコースをとることができるのだといっていることになる。それを筆者のように、「放鳩された場所で感受する緯度・経度と記憶している自鳩舎でのそれとの誤差を解消するように飛べば、自ずと鳩舎にたどり着ける」という言い方でいったとしても、この二人のそれと違ったものではないだろう。たとえば、石鍋さんのそれやピエール・ドルダンのそれを「地電流説」あるいは「波動感説」というように呼び、この「地磁気説」とわける人もあるが、筆者にはただ表現の仕方が違うだけだとしか思えない。どちらにしても、それは地磁気説の亜種にしかすぎず、地磁気説のうちに含まれるものでしかないだろう。

筆者は、個人的にはこの地磁気説を一番有望なものと見ている。太陽コンパスを使えないときに、鳩はその他の情報源に頼って方位測定をするとキートンは述べていた。視力（プラス記憶）が使えないときも同様である。「その他の情報源に頼って」とは、この地磁気によるものであることは、すでに説明するまでもないだろう。

また、クラーマーの太陽コンパス説は、「鳩達はある種の能力で自分が鳩舎に対してどちらの方位にいるかを確め、帰路に向かう方角を判断し、それから太陽を使ってその方位を探し出すのだ」というものであった。むろん、ここにいう「ある種の能力」とは、この地磁気を感知する能力のことであろう。さらに、長距離レースのときに、鳩は放鳩地に逗留している間に方向判定を終えているのではないかという放鳩者の話を先に紹介しておいたが、その方向判定に重要な役割をはたしているのもまた、この地磁気なのではないか。

しかし、視力（プラス記憶）説、太陽コンパス説と同じように、この地磁気説にも弱点がある。聡明な読者諸氏は、すでに気づかれていることと思う。やはり、オールマイティではないのだ。

たとえば、鳩がこの地磁気の変化を基に帰るべき方向を決めるのだとしたら、太陽コンパスも視力（プラス記憶）も関係ないのだから、天候が快晴であろうが曇天や雨であろうが、また視界がきこうがきくまいが、方向判定に要する時間は原則的には変わらないということになる。また、帰還に要する時間や帰還率も、原則的には変わらないということになる。放鳩地で地磁気により感受された緯度・経度と、記憶にある自鳩舎のそれの誤差を解消するように飛べばいいだけだからだ。

しかし、実際にはそうではない。曇天や雨の日は方向判定にとまどっているかのように、鳩は放鳩地の上をいつまでも旋回し続けている。それは長距離レースにおいても同じだ。むろん、帰還するのに時間もかかるし、帰還率も晴天の日の比ではない。これを、どう説明するのか。

また、鳩の体のどの部位が、地磁気を磁石のように感知しているのか。もういいかげん発見されてもよさそうなものだが、いまだその部位は発見されてはいないのである。内耳にある三半規管にその部位があるといわれたり、また近年では「鳩の脳内にごく小さなフェライト（磁性を帯びた酸化鉄）の一種であるマグネタイト（磁鉄鉱）の結晶が存在し、これが磁石の役割を果たしている」（黒岩比佐子『伝書鳩　もうひとつのＩＴ』）という説が発表されたりもしたが、ガセであった。

結局、視力（プラス記憶）説にしろ、太陽コンパス説にしろ、地磁気説にしろ、どの説も、いまだ「帯に短し、襷に長し」なのである。いや、鳩はそれらのどれか一つを使って方向判定をしているわけではない。視力（プラス記憶）や太陽コンパスや地磁気のすべてを利用していると考えるべきなのだろう。そして、そのそれぞれにはキートンのいうように、「機能代償性」があるということなのだろう。見知った場所では視力（プラス記憶）に重きをおいて、そして地磁気から得た情報を基に太陽が見えるときには太陽コンパスを使って、見えないときにはその情報だけから、方位を定位しているのだろう。

いや、「視力（プラス記憶）や太陽コンパスや地磁気などから……」と書かなければならないのかもしれない。筆者たちの知らない他の何かによって、方向判定をしている可能性もないとはいいきれないからだ。

ちなみに、自鳩舎での「臭い」や「音」を覚えていて、それによって帰るべき方向を決めているのだというような説を唱える人もあるが、筆者には珍説だとしか思えない。たとえば、千キロメートル離れた地点で放されたとき、鳩が自鳩舎で嗅ぐことのできる臭いや聞くことのできる音を覚えていたからといって、はたしてどんな意味があるのか。帰るべき方向を決める上で、どんな役に立つというのか。千キロメートル離れたところでその自鳩舎の「臭い」や「音」を感知できる能力を、鳩は所有しているのだとでもいうつもりなのだろうか。むろん、あり得ない話だ。

キートンとそのグループは、さらに実験を重ねている。そして、「ごく若い鳩を使った度々の実験からこんな発見をした。経験を積んだ鳩なら、比較的容易に判断できそうな曇った日に未経験な鳩を放すと方位決定ができない。晴れた日に磁石をとりつけて放した場合も同じことである」(『愛鳩の友』七五年九月号「鳩はどのようにして帰るのか」)。

このことは何を意味しているのか。キートンはこう述べている。「未経験な鳩には多くの情報が必要であり、また数種の情報源からそれぞれ異なった方向を教えられた時に取捨選択する判断力が不足しているのである。多くの経験を積むことで、鳩はわずかな情報から正確に判断することを学ぶのだろう」(同上)。

筆者が鳩を飼っていたときの経験では、三十キロメートルから四十キロメートルくらいのところから、若鳩を単羽放鳩したときの帰還率が目立って悪かった。また、帰還した鳩も、それに要する時間がかかっていた。筆者は当時、それが不思議でならなかったのだが、キートンがここに述べていることに照らして考えると、それも合点がゆく。つまり、この距離が、視力(プラス記憶)に頼って帰還できる距離とそれ以外の方法での定位があわせて必要になる境界に当たっていて、それらの情報を総合的に判断する、あるいは取捨選択して判断することに慣れていない若鳩には、難しい距離としてあったということなのだろう。

さて、鳩がどうやって自分の鳩舎に帰ってくるのか。見てきたように、まだはっきりしたことはいえないのである。このメカニズムを完全に解明できたならば、ノーベル賞ものだともいわれている。台湾、フィリピン、マレー半島との渡りをするツバメが、春になると間違うことなく日本各地の自分の巣に帰ってくる。そうした渡り鳥の、渡りの謎も、いまだ謎のまま残されている。まだ、当分、解明は無理だろう。

いや、筆者は解明されない方がいいと思うのである。それが解明されたならば、鳩のレースの面白味も半減し、味気ないものになってしまうのではないか。そう、思うからである。

大洪水はなぜ起きたのか

さて、アララト山頂の箱船から三度目に放たれたとき、ノアの鳩もまた、こうした視力（プラス記憶）、太陽コンパス、地磁気などを使って方向判定をし、ウルあるいはシュルッパクにあったと思われる自分の巣への飛翔を試みたのだろう。そうして、再び箱船まで帰還したのだろう。

いや、述べたように、この場合は大洪水の後である。すべて地表のものは洗い流されてしまっていた。風景は一変していたのである。鳩がウルあるいはシュルッパクの辺りまでたどり着いたとしても、どこに自分の巣があったか判別するのは大変だっただろう。そこは、記憶とはまったく違う地になっていたのだから……。

鳩を飼育していた当時の筆者の経験に照らしてみても、そういっていいように思う。

筆者の郷里はめったに雪の降らないところなのだが、あるとき十センチほど積ったことがあった。その日もいつものように朝の舎外運動に出したのだが、いつもは三十分位で戻る鳩がいつまでも戻ってこない。鳩舎の上空を、いつまでもふらふらと行ったり来たりしている。まるで、鳩舎の位置を見失ったかのようにである。いや、鳩たちは鳩舎の位置を見失っていたのだろう。やがて、筆者の視界の範囲からも消えていってしまった。夕方までに、単羽、あるいは数羽ずつ半数の鳩は鳩舎に戻ったが、半数の鳩が帰ってはこなかった。むろん、雪が解けた翌日にはほとんどの鳩が戻り、数日後までにはすべての鳩が戻ったのではあったが……。雪で一変した風景に、鳩たちが惑わされた結果であろう。

もとより、鳩は鳩舎の周囲のような見知った場所では、視力（プラス記憶）に頼って飛ぶものなのだ。ノアの鳩も、そうして大洪水によって一変した風景を眼下に眺めながら、いつまでもウルあるいはシュルッパク近辺の上空を、ふらふらとさ迷い続けたのではなかったか。

いや、筆者は今、箱船からウルあるいはシュルッパク方面へ向かう方位の判定について、「ノアの鳩もまた、こうして視力（プラス記憶）、太陽コンパス、地磁気などを使って方向判定をし……」と安直に述べてしまったが、事はそれほど簡単ではない。

箱船が漂着したとされるアララト山は、ノアの鳩にとってはじめての土地である。故に、視力（プラス記憶）は役に立たない。太陽コンパスと地磁気によって方向判定はなされたのであろう。

そして、それらに導かれるようにして、ウルあるいはシュルッパク方面へと翼を向けたのであろう。

いや、このときは地磁気も十全には使えなかった可能性がある。

筆者は、なぜそう思うのか。実はこの大洪水が何によってもたらされたのかについて、筆者は次のような仮説をもっているからだ。その仮説に基づくならばである。

どこかで大きな地震が起きた。そして、大きな津波がこの地域に押し寄せた。おそらく、津波は断続的に押し寄せたはずだ。大洪水の正体とは、この地震による津波によるものでもあったのではないか。豪雨による洪水であったならば箱船は下流に、つまり海へと流されるはずだ。しかし、箱船は上流に、つまり山の方へと流されているのだから……。

つまり、大洪水がそうして地震に淵源したものであったとしたならば、余震によって、この地域の地磁気の乱れはこのときもまだ続いていたかもしれない。そうであったとしたならばである。むろん、おさまっていたのならば問題はない。発生から十ヶ月経っているのだから、おさまっていたと考えるのが順当であるとも思えるが、可能性として提示しておきたい。

むろん、筆者は、「創世紀」に書かれている豪雨の記述を否定しているわけではない。実際、豪雨が降り続いたに違いない。では、豪雨は何によってもたらされたのか。筆者は津波をもたらしたこの地震がどこかの大きな火山の爆発を誘発した、あるいはこの地震が火山の爆発に誘発されたものであったのではないかと思うのだ。その火山灰が空を覆い、雲を作り、豪雨をもたらしたのではないか。

あわせて、筆者は、この時期、地球温暖化が進んでいたのではないかとも思うのだ。豪雨は、温暖化による気候変動の影響も受けていたに違いない。だからこそ、「四十日四十夜」も降り続いたと表現されるような、空前絶後のものとなったのであろう。むろん、温暖化によって、潮位も上がっていたに違いない。津波の被害は甚大なものとならざるを得ない。

では、筆者はなぜ、この地球温暖化説をとるのか。その理由は簡単である。ノアの鳩は、二度目に放たれたとき、オリーブの若葉のついた小枝をくわえて箱船に戻ってきているのである。

見てきたように、オリーブは、地中海地域が原産であるといわれている。つまり、暖かい地方のものでだ。地中海地域よりも高緯度地帯であるこの地域のどこかに、オリーブの樹が生えていたのだとしたならば、このノアの時代に地球温暖化が進んでいたと考えざるを得ないだろう。赤道付近の熱帯気団の勢いが強く、今よりも広範な地域を覆っていたのではないか。それに、このときは、アララト山頂の高さが海抜0《ゼロ》メートルだったのである。それによって、さらに温暖化が進んだのだとも考えられる。つまり、海流の流れも、こうして潮位が上がることによって変わっていただろう。暖流がそのことにより、この高緯度地域の方にまで達することが可能になったということも考えられる。

しかし、どちらにしろ、この地球温暖化の問題については、鳩がオリーブの若葉のついた小枝をどこからくわえてきたのか、そのことについて明らかにした上でなければいえないことだ……。

さて、そのことに筆を進める前にもう少しだけ、この大洪水の原因について筆者の仮説を展開させていただきたい。

たとえば、紀元前一四〇〇年頃、地中海サントリニ島の火山が前後三回にわたって大噴火を起こしている。この噴火によって生じた地震や津波が、クレタ島とサントリニ島からなるミノア文明を滅ぼしたといわれている。この火山噴火は、聖書「創世記」に描かれた大洪水物語と何も関係はないのだろうか。

筆者は先に、聖書「創世記」のこの大洪水物語と、それに先行する類似の物語を含む文献『シュメールの洪水物語』『アトラハーシス叙事詩』『ギルガメッシュ叙事詩』との影響関係について述べた際、その影響について完全に否定することはできないにしてもとした上で、さらに次のような意味のことを述べておいた。

しかし、そうして聖書「創世記」に影響を与えたかもしれない先行する文献もまた、それらが書かれる以前からすでに流布されていた同様の大洪水物語、あるいは伝承を下敷きにして成立したものだと考えられる。いや、もう少し正確にいうならば、「そのような伝承と、その（当時の人々によって経験され、記憶されたところの）類似の現実とがない合わされて」、そうして成立したものだと考えられる。

つまり、この「（当時の人々によって経験され、記憶されたところの）類似の現実」のなかには、このサントリニ島の火山噴火が引き起こした、たとえば津波の記憶も含まれているのではないか。

むろん、サントリニ島の火山噴火については地中海での話であり、筆者の単なる思いつきにすぎない。直接の関係はないのかもしれない。しかし、それを経験した人たちが語った話が、影響を与えていないとはいいきれない。その火山爆発による津波は、現在のイスラエルやレバノン周辺をも襲ったはずだからだ。むろん、サントリニ島やクレタ島からこの地に避難してきた人たちの話を聞いたということも考えられよう。

このサントリニ島の火山噴火でなくてもいい。地震が火山の爆発を誘発したり、あるいは火山の爆発が地震を誘発したりということは、歴史のなかで何度もあったはずだ。そうして、それが津波を誘発するというようなことはだ。

ペルシャ湾北東岸には地殻プレートの境界線が走っている。そして、アララト山にしろ、エルブルス山やタマヴァンド山にしろ、火山である。たとえば、その地殻プレートがずれて大きな地震が起き、それが火山の爆発を誘発するとともに、大きな津波を引き起こしたというようなことも考えられよう。聖書「創世記」の大洪水物語については、先行する文献や伝承の影響ばかりではなく、こうして「(当時の人々によって経験され、記憶されたところの)類似の現実」からの影響についても、もっと考察されていいのではないか。聖書編纂者たちに、あのように大洪水物語を記述させずにはおかなかった何か大きな「類似の現実」が、筆者にはあったように思えてならないのだ。

たとえば、聖書「創世記」には、「水は山々の上にみなぎり、十五キュビトの深さで山々をおおった」（第七章二十節）と記述されているのである。そして、箱船は「アラトの山々の上にとどまった」（第八章四節）と記述されている。つまり、聖書編纂者たちに、それだけ水が出たと表現させずにはおかなかった何か、そして箱船はアラト山頂まで流されたのだと表現させずにはおかなかった何かがである。そうした何か大きな「類似の現実」がである。としたならば、それは、雨による単なる洪水などではなく、述べてきたような大きな津波をともなわざるを得ないような何か、地震や火山の爆発のような何かとセットで起きたのだと考えざるを得ないだろう。

〈それはノアの六百歳の二月十七日であって、その日に大いなる淵の源はことごとく破れ、天の窓が開けて、／雨は四十日四十夜、地に降りそそいだ。〉（「創世記」第七章十一節〜十二節）

「天の窓が開け」ただけではない。そのとき、「大いなる淵の源」も「ことごとく破れ」たのだ。そう、記されているのである。洪水が雨だけによるものでないことは、この一節からも明らかだろう。この「大いなる淵の源はことごとく破れ」という一節を、聖書考古学者マーフィーは、天から降る雨に対比させて、地下水が溢れ出たことを意味するものだと解釈したようだ。しかし、天地創造の際、天の水に対して、地の水は海に集められたのである。そうして、陸地ができたのであった。それが再び、混沌に復すことになったのだ。つまり、その海の水が溢れ出たのだと解釈した方が、リアルではないだろうか。つまり、津波が襲ったのだとだ。

読者諸氏は、仮にそうであったなら聖書編纂者たちは、なぜ「創世記」大洪水物語のうちに地震や火山の爆発を描き込まなかったのかと問うかもしれない。

話をわけたのだということも考えられよう。「創世記」には、他のところに地震や火山の爆発を想像させられる場面がある。そのうちの一つを引用しておこう。たとえば、ソドムの滅亡を描いた「創世記」第十九章二十四節から二十五節である。

〈そのとき主はソドムとゴモラの上に、硫黄と火とを天の主のいるところから降らせ、これらの町々と低地全体と、その町々の住民と、その地の植物を、みな滅ぼされた。〉

筆者は思うのだ。それらを一度に起こしたのでは、神があまりにも残酷で、無慈悲な存在のように思われかねない。それでは逆に人々の信仰心を削ぐことにもなりかねない。聖書編纂者たちが、仮にそう考えたのだとしたらと……。

さて、読者諸氏はいらいらされているかもしれない。

箱船から放たれたノアの鳩は、いったいどこからオリーブの若葉のついた小枝をくわえてきたのか。筆者は、わざとそのことについて述べないようにして、無為に原稿を引き伸ばしているのではないかとである。

別に、「引き伸ばしている」わけではない。筆者は、「ノアの箱船から放たれた鳩」についての周辺の知識を、読者諸氏に知っておいてもらいたかったのだ。「鳩がどこからオリーブの若葉のついた小枝をくわえてきたのか」という問題を解くためにも、必要な知識だと考えたからである。願わくばその知識をもって、読者諸氏にも、この謎解きの当事者としての思いを味わってもらいたかった。いや、その知識をもって、ただ本著を読み進めるだけではなく、ともに謎解きに参加してもらいたいと思ったのである。

筆者は本著の原稿を書き進めながら、実は途中で何度もどうしようかと迷った。ついでだから、そのことについても述べておこう。

たとえば、「水は山々の上にみなぎり、十五キュビトの深さで山々をおおった」（第七章二十節）という。しかし、もとより、それだけの水がこの地球上にないことは分かっていた。アララト山を覆うほどの水が出ることなどありえない。アイザック・アジモフもいうように、聖書「創世記」の大洪水物語は、当時のチグリス・ユーフラテス川下流域を襲った洪水の伝承が、じょじょに時を経るにしたがって話が大きくなったものであろう。そのことも分かっていた。

では、今日利用できる科学的知識に基づいて、チグリス・ユーフラテス川下流域を襲った洪水物語として解読を試みるべきか。しかし、そうして科学的知識に基づいて大洪水物語を否定してしまったならば、それで終わってしまう。否定する材料はいくらでも見つかる。その材料には事欠かない。しかし、それでは面白くない。むろん、そうしたならば、アララト山に箱船が漂着したこともとより、箱船の存在そのものも否定することにならざるを得ない。「（物語の伝承の起源となった―筆者補足）シュメール人も（聖書を編纂した―筆者補足）イスラエル人も大きな船を作ったこともなければ外洋を航海した経験もなかった」（アイザック・アジモフ『アジモフ博士の聖書を科学する』）のだ。「箱船の設計図は、しょせん『陸もの』の筆者（聖書編纂者―筆者注）たちが額を集めてでっち上げた架空のものにすぎないのだ」（同上）。そうした歴史的事実についても、分かっていたことだからだ。

そうして、洪水はメソポタミアの地域限定の話で、さらに箱船はアララト山頂にまで流れ着いたのではなく、またその箱船の存在自体も否定せざるを得ないとしたならば……。アララト山頂の箱船からノアの手によって放たれた鳩の話について、筆者は書くことができない。それでは困る。

故に、筆者は本著においては、聖書「創世記」における大洪水物語の文言に即して、その文言を前提にして考えてみるという方法を採用したのである。学者たちは、それを「仮定上の研究」と呼ぶらしい。その方法をである。筆者は何よりも、ノアによって箱船から放たれた鳩について述べたかったのだ。ノアの放った鳩という視点から、「創世記」大洪水物語がどう読めるのかを、本著において実験してみたかったのである。むろん、まだ誰も試みたことのないことだからである。そのためにも、この方法が採用されなければならなかった。

そうして、本著はこうした成り行きになったのである。

さて、箱船からノアによって放たれた鳩の話に戻さなければならない。

筆者は先に、鳩は大洪水以前のノアの家にあった古巣に向かって、南南東の方角に飛んだに違いないと述べた。しかし、見てきたように、その方角には約八百キロメートル行かなければ、水面から顔を出しているタマヴァンド山はないのである。そして、どちらにしろ、その距離を一日で往復するのは無理であった。タマヴァンド山は、カスピ海の南端の町、現在のテヘランの近くにある山である。大洪水以前のノアたちの家があったと思われる当時のチグリス・ユーフラテス川下流域にあった町、ウルあるいはシュルッパクからは東北東に七百キロメートルから八百キロメートルほどずれている。

筆者は本著第三章二節において、そこまで述べて、この問題についてペンディングにしてしまった。つまり、鳩はオリーブの若葉のついた小枝をどこからくわえてきたのか、という問題についてである。

というのも、そうだとすると、あとはエルブルス山しかないからだ。

こちらは片道四百キロメートルの距離なので、その日の日暮れまでに、なんとか往復できる距離だとも考えられる。しかし、エルブルス山は、見てきたように箱船が漂着したとされるアララト山からは北北東の方向にある。大洪水以前のノアの家にあった古巣の方向とは、反対の方向にである。

オリーブの若葉のついた小枝を、鳩はエルブルス山の頂きからくわえてきたのだというためには、その問題をクリアしなければならない。つまり、鳩はなぜ、古巣とは反対の方向に飛んだのか。その問題について、合理的に説明できなければである。そして、そのためには、鳩の帰巣を可能とするメカニズムなど、先にいくつかのことについて見ておく必要があったのである。

聖書「創世記」を虚心に読む限り、可能性としてはエルブルス山しかないのだ。鳩はオリーブの若葉のついた小枝をエルブルス山の頂きで見つけ、それをくわえて帰ってきたのだと結論せざるを得ない。アララト山の周辺において水の上に顔を出していたのは、このとき、タマヴァンド山の頂きの他にはこのエルブルス山の頂きしかないからである。

そして、そうであるとしたならば、歴史的には存在したはずのない地球温暖化について、筆者はやはりこだわらざるを得ない。つまり、北緯四十三度付近にあるエルブルス山の頂きに、オリーブが生えていたことになるからである。エルブルス山があるのは、日本でいうと札幌あたりの緯度にあたる場所だ。常識的に考えるならば、オリーブなど生えようがない。

では、そうして鳩はエルブルス山の頂きから、オリーブの若葉のついた小枝をくわえてきたのだとしよう。しかし、そうして鳩が逆の方角に飛んだことを、どう合理的に説明できるのか。鳩はなぜ、南南東の方角ではなく北北東の方角に飛んだのか。

筆者には、今、その理由として二つのことが考えられる。一つは、鳩が陸鳥であるということだ。そして、もう一つは、見てきた鳩の帰巣を可能とする方向判定の、そのメカニズムに関わることである。

前者から見ていこう。

たとえば、読者諸氏は、こんな話を聞いたことはないだろうか。古代からつい最近まで、漁師や船乗りたちは、漁や航海に出るとき、鳩やツバメなどの陸鳥を船に積んで出かけたという話をである。

海図もコンパスもない時代、漁は常に陸地の見える沿岸で行なわれていた。また、航海も、陸地を視界に収めた沿岸にそって行くのが常であった。しかし、時には潮に流されたり嵐にあったりして、陸地を見失うことがある。海図やコンパスがないのだから、それは命にかかわる非常事態である。そんなとき、持っていった鳥を放すのだ。陸鳥は、むろん陸地を目指して飛ぶ。これは、どちらかというと帰巣本能よりも、陸鳥の生命保持本能を利用したものであろう。つまり、その方向に船を進めれば陸地にたどり着ける……。

ノアによって箱船から放たれた鳩もまた、漁師や船乗りたちの放った鳥のように、こうして陸地を目指して飛ぼうとしたのではないか。そして、エルブルス山のある、より内陸（現在の地図でいうところの）に向けて飛翔することになったのではないか。

そう考えると、鳩が逆の方角に飛んだとしても不思議ではない。鳩は、陸鳥なのだ。

しかし、それでは、鳩がそうしてやっとたどり着いた陸地（エルブルス山の頂き）から、再度、オリーブの若葉のついた小枝をくわえて箱船まで戻ったのはなぜか。その小枝は、箱船に残されたペアとなった鳩との、巣作りのための材料となるものであった。鳩は、生命保持本能に勝る生殖本能に、このとき、突き動かされたということなのだろうか。そうした疑問が新たに浮かぶとしてもである。

さて、もう一つ考えられる理由は、鳩が帰巣する際の方向判定のメカニズムに関わることだと、筆者は述べた。それは、どういうことか。

鳩の方向判定のメカニズムについては、①視力（プラス記憶）説、②太陽コンパス説、③地磁気説があると、先に述べておいた。

このうち、「視力（プラス記憶）」は、方向判定をする上でまったく用をなさなかったはずだ。はじめての地であったのだし、まして周囲は一面の水面であったのだから……。また、この大洪水が津波をともなうものであったなら、つまり火山の噴火や地震もその原因のうちに含まれるものとしてあったなら、方向判定をする上で「地磁気」を十全と使うこともできなかったかもしれない……。三度目に放たれて、古巣のあったと思われるウルあるいはシュルッパクと箱船を往復したときの、鳩の方向判定の問題に触れた際、筆者はそう述べておいた。この二度目に放たれて、オリーブの若葉のついた小枝をくわえて帰ってきたときも、その事情に違いがあるわけではない。

いや、地磁気については十全と使うことができたはずだ。三度目に放たれたときにしろ、二度目に放たれたときにしろ、いや一度目に放たれたときも、すでにそのときには余震はおさまっていたと考えるべきだ。筆者は今、ここで訂正しておきたい。洪水発生から、つまり地震や火山の爆発から、すでに十ヶ月以上経っているのである。それだけではない。二度目に放たれたときに、鳩はオリーブの若葉のついた小枝をくわえて箱船に帰ってきているのである。その鳩の行為の意味することを、筆者は判断材料に入れるのを忘れていた。鳩は巣作りのためにオリーブの若葉のついた小枝をくわえてきたのであった。

筆者は本著第一章二節に、次のように述べておいた。

「それが洪水であろうとなかろうと、何か自然の驚異にさらされ、不安やおびえといった脅威を感じざるを得ない日常のなかにあって、産卵・子育てをしようとする鳥などはいない。……つまり、このノアの鳩が小枝をくわえてきたということが、これから巣を営もうとする行為だとしたならば、これからの日々が産卵・子育てに適した日々であることを示している。つまり、驚異にさらされ、また脅威を感じざるを得ない状況が去ったことを、この鳩の行為は示しているといえる」と。

余震が続いていたとしたならば、鳩が巣作りに着手しようとすることなどない。

さらに、筆者はもう一つ、大事なことを忘れていた。使えるのが仮に太陽コンパスだけであったとしたならば、鳩は方位を判定することができないということをである。クラーマーの太陽コンパス説を思い起こしてほしい。鳩は事前に、鳩舎の方向を知らなくてはならないのである。そして、それを知るための方法は、地磁気によるとしか考えられない。筆者たちの知らない何か他のものが、方位判定に役立っているのでない限りはである。
さて、鳩はなぜ逆の方向を目指して飛んだのか。以上のようなことを前提にして考えるならば、筆者はそれについてこう答えることができる。つまり、クラーマーが太陽コンパス説にいうところのそれが、うまく機能しなかったからではないかとだ。便宜のために、クラーマーの太陽コンパス説の骨子を再々度、引用しておこう。

〈鳩達はある種の能力で自分が鳩舎に対してどちらの方位にいるかを確め、帰路に向かう方角を判断し、それから太陽を使ってその方位を探し出すのだ。〉

聡明な読者諸氏は、筆者が先にこのクラーマーの太陽コンパス説について説明した一節を思い起こされて、すでに気づかれているかもしれない。つまり、鳩は地磁気によって、事前に「帰路に向かう方角を判断し」ていて、それからその方位を、自らの体内時計が示す時間にあるべき太陽の方角を基にして探しだすのであった。つまり、鳩の体内時計が狂っていたならば……。もとより、太陽コンパスは意味をなさないのである。

箱船から放たれたノアの鳩の体内時計は、むろん正常であったとはいいがたい。
なぜなら、ノアの鳩は二百数十日間、箱船のなかに閉じ込められていたのである。豪雨の降り続いた最初の四十日間はもとより、その後も昼も夜もないような状態の下で、ずっと暮らしていたのである。その間、外の光とは遮断されていたのだ。仮に、オリーブの若葉のついた小枝をくわえてきた鳩が一度目に放たれた鳩と同じ鳩であったとしても、その日にちょっと外に出されただけで、体内時計が正常に復したとは考えづらい。

筆者は、箱船から放たれた鳩の体内時計は、十二時間前後ずれていたのではないかと思うのだ。仮にそうであるならば、鳩が方位を百八十度近くあやまり、反対の方向に進路をとったとしても不思議ではない。鳩は、東を西と間違えたということになる。つまり、鳩は箱船から放たれたとき、東の空に昇った太陽を、西の空にあるものと勘違いしたのだ。従って、ウルあるいはシュルッパクなどのある南南東の方角に向かおうとして、それとは逆の北北西の方角に向かうということになってしまった。そして、箱船のあるアララト山の頂きからは北北東の方角にあるエルブルス山の頂にたどり着いた……。

しかし、この説には一つ問題がある。つまり、そうして逆の方角に進路をとったのだとしても、しばらくして鳩は混乱をきたすことになるのではないかと思われるからだ。というのも、自らの体内時計ではすでに沈んでいなければならない太陽が、いつまでも空にあるということになるからだ。仮にそうして混乱をきたしたのだとすると、水の上に出ているエルブルス山の頂きにたどり着くのも、難しかったのではないか。よしんば、たどり着くことができたとしても、では、帰りの箱船までのコースを、鳩はどのようにして方向判定をするのだろうか。朝に放たれたのだとして、仮に六時間かけて、エルブルス山の頂きまでたどり着いたのだとしよう。このとき、太陽はすでに南中している。鳩はこの太陽を空に存在しないものとして、つまり太陽コンパス以外の方法をもって方向判定をするのだろうか。

しかし、すでに見てきたように、太陽が見えるときには鳩は方向判定の手段として、太陽コンパスを優先的に使うものなのだ。としたら、鳩はこの南中した太陽を、箱船から飛び立ったときと同じように、やはり西にあるものと見なすことになるのだろうか。しかし、仮にそうだとすると、鳩の方向判定はここでも九十度ずれることになる。

つまり、こういうことだ。たどりついたエルブルス山は箱船からは北北東の方角にあるのだから、鳩は箱船に帰るために南南西の方角に向かおうとするだろう。しかし、鳩は南を西と勘違いしているのだから、南南西に向かおうとして、九十度ずれた東南東へと進路をとることになる。むろん、それでは、アララト山頂にある箱船には戻ってこれない。

いや、南中した太陽を鳩は西にあるものと見なして方向判定をするのではないかというのは、筆者の仮説である。体内時計を人為的に十二時間ほど狂わせて、その体内時計が太陽の沈んだ時間帯にある鳩を晴天の昼間に飛ばした場合、その方向判定の狂いはどうなるのか。もとより、そうした実験データについて、筆者は寡聞にして知らない。研究者の手によって、そうした実験がかつて行なわれたことがあったのだろうか。もし、御存知の方があったなら、その実験データなどとともにご教示願えれば幸いである。

ちょっと、付け加えておこう。というのも、こうして二度目に放たれたときにそうであったとするならば、三度目に放たれたときにも当然、体内時計は狂ったままだったのではないかという疑問を抱かれた読者諸氏もおられるだろうからである。然り、そのとおりである。しかし、この三度目に放たれて、古巣があったと思われるウルあるいはシュルッパクと箱船を往復したときには、放たれてから再び箱船に戻るまでの期間は数ヶ月に及んでいる。当然、放たれたときには体内時計は狂ったままであったろうが、放たれてしばらく経つうちには体内時計の狂いも正常に復したであろう。つまり、その後は、鳩は太陽コンパスを自在に使うことができたと考えられるのだ。

神が鳩を使って示されようとしたこととは……

さて、古巣があったと思われるウルあるいはシュルッパクを目指して、鳩はなぜそれとは逆の方向にあるエルブルス山の頂きにたどり着くことになったのか。

筆者は、鳩が陸鳥であること、そして鳩の体内時計の狂いといった視点から説明を試みた。むろん、完璧とはいえない。

この後者の場合においては、あわせて前者と同様の問題も残っている。つまり、仮に鳩が水から突出しているエルブルス山の頂きにまでたどり着いたとして、その陸地から「再度、オリーブの若葉のついた小枝をくわえて箱船まで戻ったのはなぜか。……鳩は、生命保持本能に勝る生殖本能に、このとき、突き動かされたということなのだろうか」という問題もだ。

むろん、生殖本能が鳩の帰巣しようという気持ちを高めることはいうまでもない。鳩のレースを楽しむ人たちは、鳩を早く帰しレースに勝つために、それを利用している。

たとえば、ヨーロッパの競翔家たちが一般的に行なっている「Wシステム（ウイドー・システム）」である。選手鳩は雄鳩だけとし、体力温存のために、一年中やもめ暮しをさせておく。そして、レースに参加させる前に、雌鳩と顔見せ程度のお見合いをさせるという方法だ。雄鳩はそれによって、この雌鳩と番《つが》わせてもらえるのだろうという思いを抱くことになる。つまり、レースに参加した雄鳩は、その雌鳩恋しさのために、急いで帰ろうとするだろうという効果をねらったものだ。あるいは、そうしてかりそめに番わせた鳩の側に、「これ見よがしに元気そうな独身のオスを一羽入れたカゴをしばらく置いておく」（『愛鳩の友』七四年十一月号「ピジョン・ジョッキー」）。「そうするとその亭主バトは『いつかこの男に女房を寝とられるぞ』と、鳥なりにノイローゼになるそうだ。そういう不安な心理状態にさせておいてから」（同上）、その雄鳩をレースに参加させるという方法も使われる。むろん、鳩は一目散に、巣に帰ってこようとするだろう。

あるいは、また、日本の競翔家たちの間に一般的に行なわれている「ナチュラル・システム」である。こちらは一年の大半を夫婦同居のままにさせておく。そして、鳩の卵を温めなければ、あるいは雛を育てなければという思いを利用して、早く帰らせようとする方法である。つまり、抱卵後数日の卵を残させて、あるいは孵化後三日から四日の雛を残させて、レースに参加させるのだ。濃厚飼料を与え、舎外運動を制限ぎみにすると、やがて鳩は発情し、交尾をするようになる。エネルギーが有り余り、その持って行き場がないからであろう。そして、巣房に巣皿を入れてやると、巣作りをするようになる。鳩は交尾を始めてから、普通一週間くらいで第一卵を巣皿に産み落とす。第二卵は、翌々日に産み落とされる。そして、その卵は十八日から二十日で孵化する。つまり、目的のレースの持寄りの日程にあわせて、それらを人為的にスケジューリングするのである。抱卵後数日になるように、あるいは孵化後二日から三日になるようにだ。むろん、このナチュラル・システムは、雄鳩にも雌鳩にも使える方法である。

Wシステムは雄鳩が雌鳩に執着する生理を、ナチュラル・システムは産卵・育趨に執着する鳩の生理を利用した方法だ。どちらも鳩の生殖本能を利用して、帰巣本能を強化しようとしたものである。生殖本能とは、こうしてレースに勝つための方法として利用されることからも分かるように、かくも強いものなのだ。

しかし、そうはいっても鳩も生き物である。そうして帰巣本能をいくら強化されたとしても、帰ってこない鳩はたくさんいる。たとえば、帰巣本能（プラス生殖本能）と生命保持本能とを秤にかけたならば、ほとんどの鳩においては生命保持本能の方が重いに違いない。つまり、優先されるものとしてあるに違いない。そうして生命保持本能を優先させた結果として、帰るのをあきらめてしまう鳩も多い。

この生命保持本能が、帰巣本能（プラス生殖本能）にもまして優先されることは、ノアの鳩においても例外ではないだろう。エルブルス山の頂きにまでたどり着いた鳩についてもである。鳩は箱船に残してきた相手の鳩を思いだして、帰巣したいという気持ちがいくら高まったとしても、そこに仮にオリーブの若葉のついた小枝を見つけたとしても、もうエルブルス山の頂きから飛び立とうとはしなかったのではないか。

水の上（海上）を飛ぶのを、もとより鳩は嫌う。見てきたように、一九六八年に行なわれた台湾からのレースでは、筆者の推定では三分の二以上の鳩が海上へと翼を向けることを躊躇し、台湾島に残留することになったのであった。帰巣本能よりも生命保持本能が優先されたが故のことであっただろう。そのことを思い起こしてほしい。

しかし、これはあくまで「ほとんどの鳩においては」であり、例外がないわけではない。たとえば競翔家のなかには、「優秀なレース鳩（伝書鳩）とは、生命の危険など顧みず、ただ帰巣本能に忠実であろうとする鳩のことだ」と、公言してはばからない人もいる。つまり、生命保持本能を二の次にする鳩こそが優秀な鳩なのだとだ。筆者には、そうした鳩などいないといいきることができない。

たとえば、この台湾レースでは、四十七日目になって帰舎した尾内一郎鳩舎のレーグルス号の他、日本までたどり着いたことが確認された鳩が三羽いたが、その内の一羽、静岡の加藤進さんの67―ＬＰ１４２２号である。この鳩は、台湾総統府前から放鳩された日から数えて十六日目に、奈良春日神社付近の池畔で息絶えている姿で発見された。水を飲もうとして降りて、そこで力尽きたのであろう。この鳩のことなどを考えると、帰巣本能の方が生命保持本能よりも勝る鳩も、確かにいるのではないかと思えてくる。故に、筆者は、「ほとんどの鳩においては」という限定を付したのである。

では、ノアの鳩もそうした例外的な鳩だったと、考えることはできないだろうか。そうした可能性も、まったくないとはいいきれない。

しかし、仮にそうであったにしろ、筆者がこれまで述べてきたところから考えるならば、エルブルス山の頂きまでの往路はいいにしても、箱船までの復路を飛ぶことは、やはりちょっと無理だったのではないかと思うのだ。つまり、エルブルス山の頂きにたどり着いたとしても、そこからオリーブの若葉のついた小枝をくわえて、アララト山の頂きにある箱船にまで戻ることはである。

さて、消去法で見ていくならば、鳩はオリーブの若葉のついた小枝を、水面から顔を出していたエルブルス山の頂きからくわえてきたということにならざるを得ない。しかし、見てきたように何かすっきりとしない。方向判定の問題一つをとってみても、そして帰巣本能（プラス生殖本能）と生命保持本能の問題一つをとってみてもである。

すっきりとしないことは、他にもある。

たとえば、飛翔力の問題もそうだ。はたしてこのノアの鳩に、往復で八百キロメートルを飛ぶ、その飛翔力があっただろうか。二百数十日間、箱船のなかに閉じ込められていたのだから、羽も萎えてしまっていたはずだ。仮に、一度目に放たれた鳩がこの鳩であったとしても、そうして一度外に出されただけで飛翔力が戻ったとは考えられない。エルブルス山の頂きへ向かう往路はいにしてもだ。運よく追い風に乗ったということも考えられないわけではない。しかし、再び四百キロメートルの距離を箱船に戻るのは、この飛翔力の問題からいっても無理なのではないか。

毎日、舎外運動をして鍛え、かつ十分に訓練された今日のレース鳩においても、八百キロメートルの距離を当日のうちに飛びきるのは、難しいことなのである。八百キロメートルレースを十三時間で帰舎したとしても、千メートル以上の分速で飛んだことになる。むろん、八百キロメートル以前のレースで四分の三以上の鳩がすでに脱落してしまっているだろうし、八百キロメートルレースでも半分以上の鳩が脱落するだろう。つまり、今日のレース鳩にとっても、それだけ難しい距離だということだ。

ノアの鳩が、エルブルス山の頂きと箱船の間を当日のうちに往復したとしたならば、飛翔能力の点はもとより、その帰巣能力においても、今日のレース鳩のなかでも選ばれた鳩の部類に入るような、とても優秀な鳩だったということになる。

むろん、そんなことは考えられない。

このノアの鳩は家禽、つまり家鳩（イエバト）であったとしても、カワラバトにちょっと毛が生えた程度の鳩であったはずだ。供犠用であり、また自分たちの食料ともなった時代の鳩である。帰巣能力と飛翔能力を強化する方向での品種改良が施された今日のレース鳩とは、もとよりレベルが違う。

ちなみに、帰巣能力と飛翔能力の強化を目的として、鳩の品種改良が本格的に行なわれるようになったのは、十九世紀に入って鳩のレースが行なわれるようになってからのことである。

このことからしても、ノアの鳩にそれほどの能力があったはずはないのである。片道四百キロメートル、往復で八百キロメートルの距離を、当日のうちに飛び切るだけの能力はだ。

いや、仮にその能力があったにしても、はたしてエルブルス山の頂きからアララト山の頂きにある箱船までの四百キロメートルの距離を、オリーブの若葉のついた小枝をクチバシにくわえて飛べるだろうか。小枝がどのくらいの長さ、重さのものであったかは分からないが、水の上に落としてしまうのがオチではないだろうか。

たとえば、伝書鳩に何かを運ばせる場合、その重量は鳩の体重（平均的な体重は雄で約四百五十グラム、雌で約四百二十グラム）の百分の一くらいまでの重さなら、飛翔に支障はないといわれている。重くても二十分の一くらいまでにするのが好ましいとだ。鳩の脚に装着する通信管のなかに信書を入れたときの重さが約八グラムである。オリーブの若葉のついた小枝は、むろんこの鳩の体重の二十分の一の重さを優に超える重さを持っていたであろう。

だいいち、眼の前に小枝や葉っぱがひらひらしていたのでは、飛ぶのに邪魔だろう。

鳩は、「ピンと拡げた翼を真下に打ち下ろすことによって、飛行に必要な揚力と同時に推力を得る」(『愛鳩の友』七二年八月号、榎本岩郎「レース鳩の飛行力学8」)。そうして打ち下ろした後、「一瞬、翼を止めて(筋肉の力を抜き――筆者補足)滑空した後に再び翼を引き上げて」(同上)打ち下ろす。その際、「打ち下ろされた翼は、後方へ流すような形でたたまれたまま上方へ引き上げられる。そして引き上げの終期になると、今までたたまれていた初列風切羽の部分は打ち上げられるというよりは、むしろななめ上に伸ばされるといった感じで、サッと引き上げられて、打ち下ろしの準備の姿勢」(同上)がとられる。その翼の引き上げの作業は、ごく自然なものだ。「翼を打ち下ろしたままにして、筋肉の力を抜いたらどうなるか。……翼は前から風を受けているので、揚力を生ずるために、自然に上に引き上げられると同時に、空気の抵抗によって翼がたたまれることが容易に想像できるであろう」(同上)。つまり、その最終期に初列風切羽の部分をさっと伸ばせば打ち下ろしの準備姿勢がとれるというわけだ。

オリーブの若葉のついた小枝をくわえていたのでは、こうした飛行のための一連の動作がスムーズにできないのではないか。飛びづらいことこの上ないだろう。そうして何かをくわえて長い距離を飛翔するのは、鳩にはもとより無理な相談なのである。

さらにいうならば、こうした問題もある。飛行中の鳩は、どのようにして体温調節をするのかという問題である。

よく、鳥は汗をかかないといわれる。むろん、汗をかかないわけではない。汗腺といっていいかどうか微妙なところだが、似たような分泌腺が皮膚に存在している。そこから、汗とともに脂肪や老廃物を出している。ただその分泌腺の数が、人間に比べると非常に少ないのだ。故に、人間から見たら汗をかかないように見えるのだろう。

鳩は暑さに弱い動物である。体温は四十一度から四十二度くらい。零下二十度から三十八度の温度で生存可能だが、快適な温度は十八度から二十三度だといわれている。致死体温は四十七度。四十一度から四十四度の温度の環境下に置かれると、三十分以内に致死体温に達して、死亡してしまうという。そのため、昔は「大惨事!!　鳩九〇〇羽死亡！／繰り返された真夏の夜の悪夢／東京の四連合会放鳩訓練中の惨事」（『愛鳩の友』六九年十月号）などという事故が、毎年のように起きていた。たとえばその前年にも、北九州連合会秋季合同訓練中に、八百七十四羽が死亡する同様の事故が起きている。

この見出しが付された事故が起きたのは、一九六九年八月二十四日である。秋季レースに向けて四連合会合同で、茨城県石岡から七十キロメートル訓練を行なうため、前夜十時までに参加鳩千九百七十羽を百二十一籠に詰めて、輸送トラックの荷台に積みこんだ。出発は翌早朝なので、トラックをそこに置いておかなければならない。そして、この辺りは猫の被害が多いというので、猫から鳩を守る目的で荷台全体をシートで覆った。それが、間違いであったのだ。

暑い盛りに、隙間のないシートで全体を覆ってしまったのである。

鳩の死亡原因としては、三つのことが考えられた。千九百七十羽の鳩の体温により生じた熱気と呼吸による炭酸ガスの充満、そして糞によるアンモニアの充満である。しかし、鳩の死亡原因は、明らかに鳩の体温により生じた熱気によるものだ。

訓練やレースのために放鳩地へと鳩を輸送する場合、普通は十五羽用の籠（七十×五十×三十センチメートル）に十羽を入れて使用する。多くても十二羽をだ。しかし、この場合は十六羽、籠によっては十七羽の鳩が入れられていた。鳩は、身動き一つできない状態であっただろう。しかも、死亡した鳩は中央付近に置かれた籠に多く、それも上段に置かれた籠であればあるほど鳩は全滅状態に近かったという。中央付近ほど熱はこもりやすい。また熱気は上にのぼる。その被害状況に照らしてみても、明らかだ。当の放鳩予定者自身も、こう証言している。「朝行って見ると鳩がまったく静かなのでおかしいと思い、外側の鳩をつついてみたが反応がない。あわててシートをとると湯気が立っていて、ものすごい熱気がする。これはやられたと思い……」。

つまり、鳩の体温が熱気となってシート内にこもり、やがてシート内の温度を四十一度から四十四度にまで上げる。その環境下では、見てきたように三十分以内に、四十七度の致死体温にまで鳩の体温は急上昇してしまう。

むろん、千九百七十羽の鳩の呼吸により生み出される炭酸ガスがシート内に充満したり、糞により生じるアンモニアが充満したりといったことが、まったくこれらの鳩の死亡に関係ないというつもりはない。しかし、炭酸ガスは空気より重いので、それが主原因であるならば、上ではなく下の方の籠に入れられた鳩の死亡が多くなると考えられよう。また、アンモニアは空気よりは軽いが、はたして致死量に至るほどのものであっただろうか。

さて、この事件からも分かるように、鳩は暑さに弱い鳥である。

熱を発散することができなければ、体温の上昇を招いてしまう。しかし、分泌腺（汗腺）は極端に少ない。人間のように汗をかくことによって、体温調節をはかることはできない。では、どうやって体温調節をするのか。

読者諸氏は、夏場など、公園の鳩が一様に口を開けてハアハアと息をしている姿を見たことがないだろうか。あるいは、鳩舎のなかの鳩がそうしている姿をである。鳩は、そうして体温よりも冷たい空気を体内の気嚢に取り入れることによって、体を内側から冷やしているのだ。

筆者は何をいいたいのか。鳩が暑さに弱い鳥であることと、鳩がオリーブの若葉のついた小枝をくわえて飛翔できるのか、できないのかということと、いったいどういう関係があるのか。読者諸氏は、おそらくそんな疑問を抱かれているのではないか。

むろん、関係があるのだ。つまり、鳩はそうして常に体温調節をしなければならないのである。故に、結論を先にいってしまえば、四百キロメートルという距離をオリーブの若葉のついた小枝をくわえて飛翔するなどということはできない。飛翔中には、その運動によって体に生じる熱を、常に外に逃し続けなくてはならない。でなければ、体がオーバーヒートしてしまうのだ。そのために、鳩は飛翔中に羽毛の向きをかえて冷たい空気を体に受けたり、あるいは脚をのばして、脚の先を空気に当てて冷やしたりする。むろん、夏場の鳩のように口を開けて息をすることによって、冷たい空気を体内に入れることが、一番基本的な冷却方法であることは、この飛翔中でも変わらない。

つまり、飛翔中、そうして口を開けて体温調節をする鳩に、オリーブの若葉のついた小枝をくわえてくることは無理なのである。

鳩は、そうして様々なことをした上で、それでも飛翔中に体にこもった熱が逃がせないと、とんでもなく大胆な行動に出たりもする。『愛鳩の友』一九七四年六月号の「ピジョン・ジョッキー」という欄の記事を二つ紹介しておこう。一つは、「水と思って車に飛び込む」と見出しが付けられ、もう一つには「池や田圃で行水する?・鳩」という見出しが付けられている。

〈鳩が自ら車に突込むなんてことは、およそ東京あたりでは皆無のこと。ところが北国秋田では再々のこと。/北海道から放された鳩は津軽海峡を飛び越えてちょうど疲れてノドの渇れて来る頃。/秋田連合会の竹屋晴司さんは品評会では常にいい成績を納めているが、現在は日産自動車の販売をしている。/(竹屋さんの話では——筆者補足) 北で放たれた鳩は国道のすぐ上をヒラヒラ飛んで来るが、これが突如として止っている乗用車の屋根に飛び込んで即死するそうである。/竹屋さんは仕事の関係でよくこの光景にぶつかるそうである。/特に中古車の展示してあるところで、黒や青のセダンによく飛び込むそうである。おそらく疲れた鳩は、黒や青のセダンを水たまりに見間違えて飛び込むんでしょうと竹屋さんは推測。／レース中の鳩は人間にわからないところで必死の苦労をしているんですね（と語っていた─筆者補足）。〉
〈同じ秋田での愛鳩家の目撃談。／レース時になると三々五々東北各地の平野をレース鳩が飛び抜ける。ヒラヒラ飛んできた鳩が、水田や池を見つけると急降下してザブン。水面に浮びながら息もつかずに水を飲み、岸へ泳ぎつくと一呼吸入れてまた飛び立つ。／何とも見ていて涙ぐましい光景であるそうだ。レース中は東北各地の田野ではよく見られるとのこと。どなたか鳩の面白い水飲み写真でも撮られた方は、編集部まで送って下さい。〉

レース途中と思われる鳩が水の中に飛びこむ姿は、筆者も郷里にいるときに見たことがある。話しても誰も信じてはくれなかったが、文字通り「急降下してザブン」という感じであった。この二本目の記事では、それを水を飲むための行為だとしている。しかし、見出しには、意味じくも「行水」という言葉が入っている。つまり、それは水を飲むと同時に、そうして水に浸かることによって体内に生じた熱を、一気に冷ますための行為でもあったのではないか。一本目の記事の、車の屋根に飛び込んで即死すると書かれている鳩の目的も、同じであろう。

鳩は、網膜の視細胞の数や分布の状態、また円錐体の発達が人間とは違う。そのため、人間には見えない波長の長い赤外線に近いような色まで見えるが、青や紫青のように波長の短い色には感度が鈍い。さらに波長の短い紫や黒みがかった紅などは判別すらできない。判別できるのは、波長がおよそ五百ミリミクロン以上のものに限られる。ちなみに赤外線とは七百八十ミリミクロン以上、赤が七百八十〜六百十ミリミクロン、橙が六百十〜五百九十ミリミクロン、黄が五百九十〜五百七十ミリミクロン、緑が五百七十〜五百ミリミクロン、青緑が五百〜四百六十ミリミクロン、青が四百六十〜四百三十ミリミクロン、紫が四百三十〜三百八十ミリミクロンで、紫外線とは三百八十ミリミクロン以下のものをいう。

人間に見えるのはこの赤から紫までだが、鳩は違うのだ。鳩が飛び込む車の屋根が、黒や青であるということに注意されたい。つまり、鳩には判別できない色の車にである。鳩にはそれらの色とセダンの屋根の形とがあいまって、ちょうど水たまりのように見えてしまうのだろう。

こうした話を、競翔家の多くは認めたがらない。水を飲むためであろうが、体を冷却するためであろうが、レースの途中で地面に降りるということが許せないのであろう。筆者が鳩を飼っていた当時、そうした鳩は、レース鳩として失格だと考えている人が多かった。しかし、鳩はレースの途中で、何度となくそうした行為をしているのではないだろうか。たとえば、レースに出した鳩が、羽や体に油を付けて帰ってくることがある。競翔家の誰もが経験したことがあるはずだ。それが何よりの証拠だ。筆者も鳩を飼っているとき何度か経験した。筆者の鳩舎は帰還コースの途中に京葉工業地帯があったので、そこの敷地のなかの油の浮いた水たまりにでもザブンとやったのだろうと思ったものだ。いや、これは余談である。

話を戻そう。つまり、鳩の生態から考えたとき、このノアの鳩がオリーブの若葉のついた小枝をくわえて、アララト山頂の箱船に帰ってきたという話には無理があるのだ。聖書編纂者たちは、鳩の生態に詳しくなかったのであろう。四百キロメートルの距離を、小枝を落とすことなく運ぶなどということは、鳩にはできない相談なのである。

ペアリングした鳩たちのために、鳩舎のなかに藁くずなどを入れてやると、鳩たちはそれを配んでせっせと巣作りをする。舎外運動をさせたときに、鳩舎の近くから小枝などを、クチバシにくわえてくることもある。しかし、そうして巣作りのための材料を鳩が調達してくるのは、ごくごく近い場所からである。

さて、それではノアの鳩は、いったいどこからオリーブの若葉のついた小枝をくわえてきたのか。ここで、もう一度、そう問うてみよう。

唯一、可能性としてあったエルブルス山の頂きからではない。

このオリーブの若葉のついた小枝をくわえて帰ってきたのは、鳩が二度目に放たれたときであった。十一月中旬から下旬にかけてのことである。もう一度、聖書「創世記」から、その部分（第八章五節〜十一節）を引用しておこう。

〈水はしだいに減って、十月になり、十月一日に山々の頂きが現われた。／四十日たって、ノアは彼が造った箱船の窓を開いた。／そして烏を放ったところ、烏は地の上から水がかわききるまで、あちらこちらへ飛びまわった。／ノアはまた、地のおもてから水がひいたかどうかを見ようと、彼の所から鳩を放った。／だが鳩は、足の裏をとどめる所が見つからなかったので、箱船のノアもとに帰ってきた。水がまだ全地のおもてにあったからである。彼は手を伸べて、これを捕らえ、箱船の中の彼のもとへ引き入れた。／それから七日待って、ノアはふたたび鳩を箱船から放った。／鳩は夕方になって彼のもとに帰ってきた。見ると、そのくちばしには、オリーブの若葉があった。〉

筆者は思うのである。二度目に放たれたこのときには、水も引きはじめていたのだ。としたら、アララト山の頂きにも、箱船の周囲には地面の現れている場所があったに違いない。鳩はエルブルス山の頂きから戻ってきたときに、一度そこに降り、そこでオリーブの若葉のついた小枝を見つけたのではないか。そして、巣作りの材料にしようと、箱船へとそれをくわえて帰ったのではないか。

その場所は、ノアが外界を眺めることができる箱船の窓からは、死角にあたっていたのかもしれない。箱船には、窓が一つしかなかったのだから、死角になっていたとしても不思議ではない。むろん、鳩も戻ったとき、この一つしかない窓から箱船に入ったのであろう。ノアは、その鳩がオリーブの若葉のついた小枝をくわえているのを見て、どこか遠くからそれをくわえてきたものと勘違いしてしまったのではなかったか。

いや、鳩は箱船とエルブルス山の頂きとを往復などしていない。先に見てきたように、仮にエルブルス山の頂きまでたどり着けたとしても、箱船まで戻ってくるのは難しい。筆者は、エルブルス山の頂きまでたどり着けたかどうかもあやしいと思うのだ。鳩は二百数十日間、箱船のなかに閉じ込められていたのである。食べて、寝て、それを繰り返していたのだ。羽は萎え、飛翔力も落ちていた。脚をとどめるところ一つない水の上を、ノンストップで四百キロメートル飛翔しきるのは、無理だと考えるべきなのではないか。

いや、アララト山の頂きにある箱船から放たれたときに、鳩は飛び立つには飛び立ったものの、それほど遠くまで飛ぼうという意欲をもとより持っていなかったのかもしれない。そう考えるべきなのかもしれない。鳩の体内時計は、これから太陽が沈もうとする時間帯を示していたとするならばである。鳩は、普通、夜は飛ばずに休む鳥だからである。

鳩は箱船から放たれた後、しばらくの間は運動のつもりで、箱船の周囲を飛びまわっていたのかもしれない。そして、その後、箱船の窓からのぞくノアからは死角になる位置から戻り、そうして箱船の周囲に出現していた地面に降り立ったのではないか。

それに、考えてみると「換羽《かんう》」の問題もある。

鳩の主翼羽（初列風切り羽）の換羽は、四月下旬に始まり十二月初旬までかけて生え換わる。

主翼羽とは、翼を広げたとき中央部より外側にある十枚のことだ。指骨、腕掌骨についている十枚の長い羽のことである。鳩が飛翔する上で、もっとも重要な羽であることはいうまでもない。普通、外側から二枚目の羽、第九羽が一番長く、内側にいくにしたがって短くなる。換羽は、この一番内側の第一羽から順に外側の羽に向かって進む。「六本目までは、新羽が半分以上成長したる時に、次番の羽が脱失するものであって、大凡三週間目に一本宛脱失する割合となる。残四本の羽は大凡四週間に一本の割合に脱失し、次番の羽が脱失する時には、新羽は三分の二以上に成長して居るものである」（武知彦栄『伝書鳩の研究』）。外側の長い羽である第八、第九、第十羽が換羽にかかっているときには、競翔家はその鳩をレースに出すようなことはしない。いい鳩をドブに捨てるようなものだからだ。つまり、帰ってくる能力のある鳩でも飛翔に耐えられず、未帰還になる可能性が高いからだ。それだけ飛翔にとっては大切な羽だからである。

日本の場合、秋の長距離レースの行なわれる時期が、ちょうどこの第八、第九、第十羽の換羽期にぶつかる。故に、秋の長距離レースに出す鳩については、第一羽から第六羽の換羽の時期に順次、それら第八、第九、第十羽を、人為的に抜いてしまうというようなこともする。秋の長距離レースの時期に、そうして第八、第九、第十羽が生え揃うように調整したりもする。

筆者は何がいいたいのか。もう読者諸氏にも分かっていることと思う。

ノアの鳩がエルブルス山の頂きまで飛んだと考えられる時期は、この第八、第九、第十羽の換羽の時期にぶつかっているのである。つまり、述べてきたようなことに加えて、さらにこの換羽の問題を考えるならば……。もとより、四百キロメートルを飛び切るのは難しいといわなければならない。まして、その後、復路を再び箱船まで四百キロメートル飛翔することなどは無理だ。

いや、第八、第九、第十羽の換羽の時期にぶつかっていたということは、オリーブの若葉のついた小枝をくわえて帰ってきたとされる二度目に放たれたときについてだけではなく、一度目に放たれたときについても、三度目に放たれたときについてもいえることだ。十月一日から四十日（数十日）経ってから一週間おきに、鳩はノアによって、箱船から放たれたのだから……。

むろん、三度目に放たれたとき、数ヶ月をかけてアララト山頂の箱船とウル、あるいはシュルッパクを往復したというのも、こうしていろいろと検討してくるとあやしくなる。鳩は確かにウル、あるいはシュルッパク方面を目指したのかもしれない。しかし、たどり着けたかどうかは疑問だ。足をとどめるところを見つけながら、飛び石伝いのようにして、途中までは行ったのかもしれない。しかし、あきらめて箱船に戻ろうとしたが迷子になってしまった。そして、戻るのに数ヶ月を要したというのが落ちではないだろうか。強い望郷の念にとらわれているとともに、また敬虔な信者でもあったノアが、それを自分の都合のいいように誤って解釈したというのがである。

むろん、箱船のなかに二百数十日間閉じこめられて体内時計も狂っていたのだから、この換羽の時期にも多少の狂いが生じていたかもしれない。また、栄養の問題や閉じ込められていたストレスから、換羽が遅れていたということも考えられる。しかし、それでも、第八、第九、第十羽の換羽の時期にぶつかっていたことは間違いないだろう。

〔いや、この換羽の問題については、筆者は誤ちを犯しているのかもしれない。というのも、「創世記」のノアの箱船の物語に記された日付けを、筆者は現行の太陽暦におけるそれとほぼイコールなものとして扱ってきた。太陰暦と太陽暦の違いはあるにしてもである。しかし、それが春分を一年の始まりとする暦によるものであったとしたならば……。ノアが鳩を放したとき、すでに換羽は終わっていたということになる。したがって、この換羽の問題については的外れの議論だということになる。そのことを、ここに付記しておきたい。／仮に「創世記」のノアの箱船の物語に記された日付けが、そうして春分を一年の始まりとする暦によるものであったとしたならば……。たとえば、「十月一日に山々の頂きが現われ」、それから「四十日たって」ノアは烏と鳩を放つ。その「四十日たって」の意味について、あるいはノアがこの第八、第九、第十羽の換羽が終わるのを待っていたのだとする解釈も成り立つかもしれない。鳩の帰巣性についてノアは理解していたのだから、この第八、第九、第十羽の換羽が鳩の飛翔力に影響を及ぼすということについても、理解していたと考えられないわけではない。そして、それはそれで興味深い。／しかし、そうだとすると困ったことが起きるのだ。本著第二章二節で述べたように、ジェームズ・アッシャーのいうそれら日付けは、「創世記」における日付けより、前の方に二ヶ月ほどずれていた。そのずれについて、どう解釈したらいいのか。筆者は本著第二章二節においては、そのずれはアッシャーが春分を一年の始まりとする暦を用いたからではないかと推測しておいた。つまり、「創世記」のノアの箱船の物語に記された日付けを、現行の太陽暦におけるそれとほぼイコールなものとの前提に立ってだ。そうではないとすると、アッシャーは春分よりもさらに二ヶ月ほど後に新年の始まる暦に基づいて、日付を算定していたということになる。／筆者には、この聖書における暦の問題は、正直なところよく分からないのだ。どなたか教授して下さる方がいると助かるのだが……。／さて、しかしそうして、仮に第八、第九、第十羽の換羽に基づく議論が的外れのものであったとしても……。だからといって、ノアの鳩が箱船とエルブルス山の頂きを往復したとは考えられないという、筆者のここでの論旨に変更はない。）

つまり、鳩はこの二度目に放たれたときに、エルブルス山の頂きまで飛翔することはなかったのだ。運動をすますと、さっさと唯一の足をとどめる場所である箱船に戻ってきた。しかし、箱船の窓は一つであり、一方向にしか向いていない。それで、ノアは鳩が戻ってきているのを見つけられなかった。そして、鳩は箱船の周囲に出現していた地面に降り立った。飛翔して咽喉が渇いていたので、水を飲もうとしたのかもしれない。あるいは、水浴びをしたかったのかもしれない。二百数十日間も、じめじめした箱船のなかに閉じ込められていたのだから……。

鳩の羽毛は脂粉という白い粉で覆われていて、この脂粉が防水の役目を果たしている。空気の乾いているときは翼をばたばたさせることによって、ある程度古い脂粉を落とすことができるが、空気が湿っているときには落ちにくく、皮膚にはりつき、鳩は非常なかゆみを感じる。故に、鳩は水浴びをしたがる。鳩の飼育者は普通、週に一、二度は鳩に水浴びをさせる。じめじめとした季節は、ほぼ一日おきにだ。二百数十日間、水浴びをしていなかったとしたならば、ノアの鳩がそのために地面に降りたとしても不思議ではない。

そうして、地面に降りたときに、鳩はオリーブの若葉のついた小枝を見つけた……。そして、それをくわえて帰ったのであった。

これではしらけてしまうかもしれない。しかし、考察に従うならば、筆者はやはりこう結論せざるを得ないのである。鳩がオリーブの若葉のついた小枝をくわえてきたのは、アララト山頂の箱船の周囲に出現した地面からであったのだと……。

しかし、こう考えてみたらどうだろう。

そうして箱船の周囲に出現した地面から、鳩がオリーブの若葉のついた小枝をくわえて帰ったのは、もとより神の意思によるものであったのではないかとである。

神はそうすることによって、ノアたちにある「しるし」（サイン）を示されようとしたのではなかったか。つまり、この地こそがあなたたちにとっての安住の地なのであり、自分があなたたちに未来の豊饒を約束する地なのだということをだ。

実はそう解釈した方が、物語的にも辻褄があう。聖書「創世記」という物語の構成上から考えてみてもだ。というのも、ノアたちはこの後、このアララト山の麓のアルメニア地方に定住し、そこで葡萄の栽培を始める。聖書「創世記」には、そう記されているからだ。

しかし、先に述べたように、望郷の念の虜《とりこ》になっているノアには、その神の意思＝神の示したもうた「しるし」（サイン）を、正しく受け取ることはできなかった。この地こそが安住の地、未来の豊饒が約束された地であろうなどとは、ノアには考えることもできなかった。そして、このときノアは、鳩がオリーブの若葉のついた小枝をくわえてきたことを、やがて故郷へ帰れるようになることを神が自分たちに約束してくれている「しるし」（サイン）として、受け取ったのであった。

だからこそ、ノアはそれから一週間後、三度《みたび》鳩を放つことになったのだ。ノアは望郷の念を、どうすることもできなかったのである。しかし、神はそうしてオリーブの若葉のついた小枝を鳩にくわえさせてノアのもとに運ばせる、そのことによって「まさにこの地こそが……」ということを示されていたのだ。

ノアが「まさにこの地こそが……」というように考えを改めたのは、故郷に帰ることをあきらめたときである。つまり、三度目に放たれた鳩が疲れ果てたヨレヨレの姿で、数ヶ月ぶりに箱船に戻ってきたときである。見てきたように、鳩はウルあるいはシュルッパクとの間を往復したわけではなかったのだろう。かつてノアたちの住んでいたと思われるその地との間をである。しかし、ノアは往復したと考えた。そして、その鳩の姿を見て故郷に帰ることをあきらめたのであった。

ノアが望郷の念によって放つ鳩を使って、神は自らの意思を「しるし」（サイン）として、ノアに示されようとした。しかし、ノアにはそれを、正しく読み解くことはできなかったのである。間違った解釈を繰り返し、そうして望郷の念を払拭せざるを得なくなったときに……。そのときになってようやく、「まさにこの地こそが……」という神の示したもうた「しるし」（サイン）を認めることになったのだ。そのときのノアのかっとうについては、すでに述べてきたところである。

アララト山にノアの箱船を探す

さて、アララト山のノアの箱船については、マルコ・ポーロの『東方見聞録』のなかにも触れられている。そうして、昔から多くの人が、それについて述べてきた。

古くは、ベローズをあげなければならないだろう。ベローズについては本著第三章三節において、彼の『バビロニア誌』のなかにも、聖書「創世記」のノアの箱船の物語に類似する伝承が収められていると、その伝承とともに紹介しておいた。ベローズはそこに、実はこんな一節も記しているという。F・ナヴァラの『禁断の山』が次のように伝えている。

〈(ベローズがその伝承を集めた時代、紀元前三世紀には―筆者補足)ゴルデアの山(クルジスタンとヴァン湖との間に位置する地帯の古い名。すなわち、アララット山のこと)の上に、シストロス王の船の遺物があって、見ることができた。土地の人々は、その遺物から、アスファルト(瀝青―筆者注)の被覆体をはがしてとっていた。それは、超自然的な、治療の効能をもっていると信じられていたのだ。〉

彼らはそれを毒消しや魔除けのおまじないに用いていたらしい。ナヴァラの著作には、さらにキリストの時代の頃のことや、四世紀のヤコブ修道院創建に関わると思われるニスビスの族長ヤコブについての話が記述されている。引用しておこう。

〈キリストのころ、ダマスカスのニコラスというものが、「方舟のあとが、長いあいだ荒らされないで、山の上にのこっている」といった。／『古代ユダヤ』を書いたヨセフというユダヤの歴史家も、この話を裏書きし、またアンチオッシュの（司教―筆者補足）テオフィルもこの話を裏書きしている。／紀元三三〇年に、ニスビスの族長ヤコブは、アララット山の登山を企てた。彼は失敗したが、しかし天使の訪れをうけて、ノアの方舟の一片をもらった、といわれている。そして伝説によると、この断片が、エチミアジンの教会に保存されていたが、一八二九年の地震によって、この教会も崩壊してしまった。〉

時代は下って十七世紀……。

〈ドイツの学者アダム・オレアリスは、モスクワとペルシアの大使をしていたときにくわだてた旅行と、そのときおこなった観察について書いている。アルメニア人とペルシア人はアララトにはまだ箱舟の残骸があると信じていると、彼は報告している。ペルシアでは彼は固い黒い木でつくられた十字架さえ見せられた。それは箱舟にあったものといわれ、それゆえ大切にされていた。また十七世紀ごろには、キリスト教の修道士たちがこの聖なる山で隠者として暮らすために遠くからやってきた。これらの隠者のヘルニアを治してあげたお礼として、ヤン・ヤンゾーン・ストルイスというオランダの旅行者は「本物のノアの箱舟の木の一片」をもらった。ストルイスはまた、ノアが箱舟に塗ったアスファルトから人々が薬用の粉をつくっていると聞いた。〉(ノーマン・コーン『ノアの大洪水　西洋思想の中の創世記の物語』)

一八二九年には、登山家であり、エストニア(当時のロシア帝国の一部)のドルパト大学の医学教授でもあったフリードリッヒ・ウィルヘルム・パロットが、アララト山に登り、その山頂に大きな台地を発見している。それは、ノアの箱船をのせるに十分な広さを持つものであったという。彼はそこに木の十字架をたて、仲間とともに祈祷集会を行なった。パロットはその登山の際、はじめベースキャンプをアララト山北西斜面にある聖ヤコブ修道院に設けた。そのとき、修道士から、「ノアの箱舟の木材からつくられた古代の人口遺物」を見せられたという。

〈冒険心に富んだほかの人びとがこれにつづき、同じように十字架をたてた。一八五四年にヘルマン・アビッチという地質学者――やはりドルパト大学の人――が登山に成功し、十字架をたてた。一八五〇年にはホーズコという大佐が六〇名のロシア兵をひきつれて山に登り、また

十字架をたてた。〉（同上）

ここで、『ノアの箱舟の秘密』の主人公・聖書学者マーフィーと学生たちに、再び登場してもらおう。

〈「それはどういうものですか？」女子学生のひとりが問いかけた。／「聖ヤコブ修道院というのは、アララト山に建てられた修道院でね、四世紀に、ニシビスの聖ヤコブによって創建されたと言われている。聖ヤコブの修道士たちは、箱舟の聖遺物を守る責任を負っているんだ。一八二九年に、ドイツの自然科学者、J・J・フリードリッヒ・パロット博士が、その修道院を訪れている。そのときに、箱舟の木材からつくられた古代の人口遺物を見せられたらしい」／「どんな遺物だったんです？　いま、それはどこにあるんでしょう？」男子学生のひとりが問いかけてきた。／「それがわかればいいんだがね」とマーフィー。「一八四〇年に、アララト山のそばで大地震が起こって、大規模な地滑りが生じた。アホーラ峡谷の下にあったアホーラ村の住民、二千人が命を落とし、村そのものが全滅して、聖ヤコブ修道院もまた、すべてが土砂の下に埋まってしまったんだ。箱舟を見たというエド・デイヴィス（作中、「工兵として陸軍に奉職していた時期に、友人たちに連れられて、ノアの箱舟を見にアララト山に登った」とされる人物―筆者注）の話がたしかなものであれば、人口遺物のいくつかはいまもアララトの洞

穴のなかに隠されているだろう。そして、いまも、信仰の篤いひとびとによって守られているだろうね」〉

確かに一八四〇年七月に、この地帯一帯を襲う大きな地震があった。そのとき村が壊滅し、村から出ていた百人を残して二千人の村人全員が命を落としている。そのとき、聖ヤコブ修道院も土砂の下に埋まってしまったというのも事実である。

さて、その地震の後、トルコ政府はなだれに対する防御柵を作るために、兵隊たちを派遣した。その部隊の一組が、山の上で、古代の船の舳先が氷河から突き出ているのを発見することになる。彼らはそれに近づき、船のなかが三つの部屋にわかれていることを確認したという。

一八七六年には、ゼームズ・ブライスというイギリス人の代議士が、一人でアララト山に登り、五千メートルの高さの「溶岩の岩塊がごろごろしている一つの窪んだ地帯で長さ四ピエ（一ピエは、約〇・三二五メートル）、厚さ五ブース（一ブースは一ピエの十二分の一。約一インチ）の木片で、人間が道具をもって切ったと、明らかにわかるものを発見した」（F・ナヴァレ『禁断の山』）という。

一八八三年の夏には、シカゴ・トリビューン紙に、次のような記事が掲載された。

〈コンスタンチノープル（いまのイスタンブール）の新聞がつたえるところによると、人類の歴史に名高いノアの方舟が発見された。／アララット山の雪崩れを調査する使命をおびたトルコの探検隊が、アララットの頂上近くで、とつぜん氷河の中からつき出て、地下に深く入っているると思われる、木材の巨大な骨組みがあるのを発見した。／その付近のもっとも近い村の住民たちにたずねると、住民たちも六年前から、その建造物があることを、よく知っていたと答えた。／けれども、自分たちは、その建造物の上の方にある窓から、恐ろしい顔をした精霊がのぞいているのを、遠くからみたので、思いきってそれに近づかなかったのだ、と、いった。／勇敢な民族であるトルコ人たちは、この話を聞いてもそのままあきらめようとしなかった。そして調査の手をもっとのばしてみようと決心した。／しかし、アララット山の峡谷の中に深くはまりこんでいる船の残骸の位置は、作業するのにおそろしく危険であった。そこにうまく到達するためには、信じられないほどの苦労をなめた。／トルコ人たちは、なんの躊躇もなく、それが方舟であることをみとめた。それはかなりよく保存されていた。ただその横腹が傷んでいた。／探検隊のメンバーの一人の、英語の上手な男が――おそらく『聖書』を読んで、ノアの方舟のことを知っていたのであろう――この方舟が、ゴオフェルの木でできていることは、『聖書』にあるとおりで、この木は誰も知っているように、ユーフラテス河の平原の中にしかはえないものであることを、はっきりたしかめた。／この残骸の中部に入りこんでみると、そこは黒褐色にぬられていた。そして部屋の配置についても、馬を輸送する場合の海軍の規則にある配置と同じことをやったものだ、ということがはっきりわかったのだ。／内部は、高さ一五ピエの各室にわかれていた。その中の三つの部屋にしかトルコ人たちは入ることができなかった。他の部屋はすべて氷で一ぱいだった。そのため、この氷河の中を方舟がどこまで長くのびているか、それ以上調べてみることはできなかった。しかし、最小に見つもっても全体の長さが三〇〇クーデ（一クーデは肘から中指までの長さ。約〇・五メートル）あるとみて、トルコ人たちは恐れいる他はなかった。〉（F・ナヴァラ『禁断の山』より）

一八九三年には、ネストリアン教派（景教）の大司教ヌウリが、「自分はアララト山でノアの方舟を見てきた」と公表した。

〈「船の前部と後部とだけが近づける部分だった。中央の部分は、氷の下に閉ざされたままだった。方舟は、ひじょうに部厚い木材の暗褐色の梁材でできていた。」／ヌウリが方舟の測定をしてみると、ちょうど『聖書』の「創世記」に出ているとおり、ぴったり一致していた。〉（同上）

ヌウリはさらに、第二回目の登頂で、アララト山の頂きから箱船を降ろして、アメリカのシカゴで開催される万国博覧会に出品しようという計画を発表した。そのために会社を設立して資金を募ったが、集まらず、またトルコ政府が箱船を海外に持ち出す許可を出さなかったため、あきらめなければならなかった。

第一次世界大戦中の一九一六年の夏には、ウラジミール・ロスコヴィッキーというロシアのパイロットが、トルコ前線を偵察飛行中、アララト山の頂上の東側の氷結した湖の端から、巨大な船の残骸が頭を出しているのを発見した。ロスコヴィッキーはそれを上官に報告、上官はモスクワとペテログラードに報告書を上げた。皇帝ニコラス二世は、部隊を派遣し、陸上から探索するように命令を出した。百五十人の兵士が一ヶ月の間、山頂に登れるように道を開き、それからその探索のために科学的調査隊が派遣された。彼らは箱船の測定をして、それを写真にとり、採取した様々な遺物とともに綿密な報告書を、ペテログラードに送った。しかし、それらの貴重な資料は、一九一七年のロシア革命の際に行方知れずになってしまった。

第二次世界大戦中にも、こんな話がある。ソ連の偽装作戦部隊の隊長ジャスペル・マスケリーンは、部下の一人から、アララト山の上を飛んで、二十五年前のロスコヴィッキーの話の真偽を確認したいという申し出を受け、それを許可した。このパイロットは、そうして氷結した湖のなかに一部沈んでいる船の存在を確認する。その古代の船は、材木の所々が石灰化したような外観を呈していたという。

ここでは省略したが、箱船まで行き着けなかった事例もたくさんある。アララト山の登山自体が難しいということもある。また、地図を見ればわかるようにアララト山自体はトルコ領にあるが、そこにはトルコ、イラン、旧ソ連という三つの国の国境線が複雑に入り組んでいる。二十世紀に入ってからは、軍事的な要衝として、もとより民間人の調査隊が入ること自体が難しい地域としてあったのだ。

戦後は、一九五二年から一九五五年にかけて、フランス人のF・ナヴァラが三度、アララト山に登っている。そして、彼はついにその山上で箱船を発見し、そこから一・五メートルの長さの角材を持ち帰ることに成功した。彼は、その時の体験を『私はノアの箱船を発見した』（邦訳『禁断の山』河出書房新社）にまとめている。本著でも何度も引用させてもらっている、いわばノアの箱船ものの古典といわれる本にだ。

ナヴァラは持ち帰った木材からいくつかの標本をとり、スペインのマドリード農林省森林研究所、ボルドオ大学先史及び人類学研究所、パリ森林研究所、エジプト博物館に鑑定を依頼した。それらの結果を、ナヴァラが自著のなかに要約しているので引用しておこう。

〈一　この木材は、樫材である。が、『聖書』の伝承にある神秘なゴオフェルの木は、樫材であると断定する必要は、おそらくないだろう。なぜかというと、この木材は、じっさいに方舟のものであり、私が発見したものは、その梁骨であって、張板ではなく、その内部構造の一部であって、その外板や甲板ではない。外板や甲板は久しい以前から結合がはなれて散逸していたとしか考えられないからだ。／二　この木材は、工作にあたってどういう道具を用いたかは、今日までのところ決定しえていないが、たしかに人工をくわえた、削った木材である。したがって、単なる樹木の化石化したものではなく、四角に削られたものの一片であることは一目瞭然としている。／三　この木材の年代は、約五千年前の前後の間である。〉

この本が書かれたのは一九五六年である。それ以降にも、たとえば一九五九年のトルコ空軍による目撃情報がある。冷戦が激化した一九六〇年代にも、アメリカ空軍によって、箱船のような黒ずんだ長方形の物体が何度も確認されているという。その船型の写った地形写真が存在している。そして、同様の写真は人工衛星からも撮られているという。

『ノアの箱舟の秘密』の主人公・聖書考古学者マーフィーも、情報公開法を楯に箱船に関する資料の開示を求めてCIA本部にのりこんだ際、対応した職員をこんなふうにやりこめている。

〈わたしは、一九四九年六月十七日に合衆国空軍機がアララト山上空を通常飛行していたことを、事実として知っています。その際、何枚かの写真が撮られ、その山の標高一万五千五百フィートの地点にひとつの物体が目撃されたことも知っています。聞くところでは、その物体は、CIA内部では〝アララト異常現象〟と呼ばれているとか。知っていることは、まだありますよ。そのアララト異常現象ファイルは一九九三年の時点で、情報公開法によって定められた四十年間の機密保持期間が終了して、ようやく機密扱いが解かれましたね。……知っていることは、まだまだあります。ワシントンに本拠を置く、戦略および国際研究センターに所属する専門家、ポーチャー・テイラー氏が、興味深い発見をいくつかしています。その発見によれば、U-2偵察機が一九五六年に同じ異常現象を写真に撮影している。テイラー氏はまた、CIAが一九七三年に、KH-9軍事偵察衛星の高感度カメラで数枚の写真を撮ったことも突きとめた。それだけにとどまらず、つぎにはKH-11衛星が一九七六年、一九九〇年および一九九二年に、アララトの同じ地点を撮影している。……わたしのまちがいでなければ、高分解能衛星写真の販売会社、IKONOSも、アララト山の北緯三十九度四十二分十秒、東経四十四度十六分三十秒の地点に、異常現象の存在を確認している。〉

マーフィーがここで語っているような情報は今日、ますます巷にあふれている。ネットを開いて検索してみることをお勧めしたい。読者諸氏は無数のこれらの情報に、アクセスすることができるだろう。

一九七七年にはアメリカで、『ノアの箱船を求めて』というドキュメンタリー番組が制作され、放映されたりもしている。

アララト山にあるとされるノアの箱船は、こうして昔から人々の心を、とらえて離さない存在としてあったのだ。

しかし、本当に、箱船はアララト山に存在するのだろうか。

存在するわけはないのである。

ここに見てきたアララト山の箱船探索の歴史に関わるもののうち、そのいくつかは、すでに見間違いとして否定されている。岩を箱船に見間違えたものだったり、自然が地形にしたいたずらを見間違えたものだったり……。むろん、ガセの話も含まれているだろう。ナヴァラの持ち帰った木材にしても、後のカルフォルニア大学などアメリカのいくつかの大学での放射性炭素一四法などの検査によると、千二百年から千四百年前のものだとの結果が出ている。

こちらの検査結果の方が正しいとしたならば、それは箱船に使用された木材ではないということになる。しかし、ではなぜアララト山の頂き近くに、それがあったのか。この木材は樫（ホワイトオーク）であった。しかし、この地には樫は存在しない。近辺千粁四方の植生にも、樫は存在しないという。ナヴァラの言葉が真実ならば、その樫材は遠い過去の時代にアララトの山中に持ち込まれ、何らかの建造物がそれによって造られたのだと推定される。ナヴァラが見つけ、持ち帰った木材は、その建造物の残骸からのものであったということになろう。

では、その建造物とは何であったのか。誰が何のために、それを作ったのか。

ヤコブ修道院の修道士たちが、信仰の証として、そこに箱船の姿を再現しようとでもしたのだろうか。筆者は、その可能性が高いのではないかと思う。いや、ヤコブ修道院の修道士たちの手によってでなくてもいい。かつてそこに箱船があったと信じる信仰者たちの手になるものとしてでもいい。後の時代に、そうした誰かの手によって再現されたものであるに違いない。おそらく、何度となく、そうした試みがなされたのではないだろうか。

アララト山中で見つかった箱船の遺物と思われるもののなかにも、ナヴァラのそれも含めて、再現された箱船のそれが多数混じっているのではないか。目撃情報にしても、それを見間違えたものが混じっているように思う。むろん、今日より後の時代において、仮に箱船の遺物と覚しきものが見つかったとしても、それはこの再現された建造物の遺物を、見つけたということにすぎないだろう。

筆者は、聖書を「神の定めた歴史的な出来事の絶対的に権威のある物語」として信じるキリスト教原理主義者たちや、多くのキリスト教信者を敵にまわしたくて、こんなことをいっているわけではない。それ故、本著を書こうとしたわけでもない。どちらかというと、筆者もまた「創世記」のノアの箱船の物語については、それを信じたいと思う側に属する人間だからである。むろん、科学的に見たならばあり得ない話なのだが、どうもギスギスとした社会のなかに生きていると、こうしたロマンチックな話をつい信じたくなる。あるいはまた、筆者がその物語を信じたいと思うのは、もとより現在の世界の在り方に対して、筆者が良い感情を抱いていないからかもしれない。どこかに、神による裁きを待ち望む気持ちがあるからかもしれない。こんな世界は、筆者をも含めて滅んでしまった方がいいと思う気持ちがである。しかし、それとこれとは別だ。

三笠宮崇仁さんは『大世界史I　ここに歴史はじまる』のなかで、こんなふうに述べている。

〈歴史学的に、また言語学的にこの問題を考えてみると、つぎのようなことがいえる。創世記の原文には「アララトの山々」とあって、一つの山とは限定してはいない。それからも、ある地域全体を意味していることが読みとれるが、ヒブル語のアララトはアッカド語のウラルトゥ（「高い地方」の意）に由来している。そしてそれはヴァン湖地方の高地帯をさして名づけられたもので、前八世紀ごろに、そこにはウラルトゥ王国が栄えていた。それはちょうど創世記のJ史料が書かれた時代に相当する。だからノアの箱舟の到着地点がとくに「アララトの山地」とされたのも、（『ギルガメッシュ叙事詩』のように―筆者補足）ニシル山とするより当時の創世記の読者にはわかりやすかったからかもしれない。そんなわけなので、ニシル山にせよアララト山にせよ、箱舟の到着地点を証明することはまずむずかしい。そもそも、ノアの箱舟物語の最古の原型であるシュメルの洪水物語には、山のことは出ていなかったのだから。〉

確かに聖書「創世記」には、箱船がとどまったのは「アララトの山々」の上であったとある。

〈箱船は七月十七日にアララトの山々の上にとどまった。〉（第八章四節）

「アララト」という名称が、こうしてある地域一帯を指したものであったとしたなら、それがなぜ、ある特定の山の名に限定されて使われるようになったのか。三笠宮さんは、そのことには触れていない。筆者は、今日箱船があると信じられているこの五千百六十五メートルの山が「アララト山」と呼ばれるようになったのは、ずいぶんと時代が下ってからのことであったのではないかと思うのだ。少なくとも、ノアの箱船の物語が、聖書編纂者たちの手によって聖書「創世記」のうちに収められ、今日のようなそれとして流布されるようになってから後のことであろう。見てきたように、ベローズは『バビロニア誌』（紀元前二七五年頃）のうちに、その「ヴァン湖地方の高地帯」＝アララトは、「ゴルデア」と呼ばれ、アララト山は「ゴルデアの山」と呼ばれていたと記している。そのこともある。

物語先にありきなのである。順序が逆なのである。聖書年代学的にいう大洪水のあったとされる時代には、もとよりその五千百六十五メートルの山は「アララト山」ではなく、何か別の名で呼ばれていたはずだ。

むろん、そうであるのなら箱船の漂着地点を、三笠宮さんもいうように、今日の地図にあるアララト山だと特定することはできない。先行する文献『ギルガメッシュ叙事詩』にはニシル山とあり、それ以前の『シュメールの洪水物語』、『アトラハーシス叙事詩』には、三笠宮さんもいうように、もとより漂着した山のことは記されてはいないのである。

あとがき

箱船など存在するわけがない。

しかし、人々はそれでも、アララト山に箱船があると信じている。そして、それを探すことに躍起になっている。

人々もまた筆者と同じように、自分をとりまく世界の存り方に違和感を覚えているのだろう。ロマンチックな話というのは、そうして現実から目をそむけたい、逃避したいという人々の意識的、無意識的心情の産物なのではないか。人々がノアの箱船の存在を信じたがったり、ノアの箱船探索に躍起になる理由も、別のものではないだろう。

故に人々のそうした心情のニーズに応えて、アララト山の頂き近くに、ときおり、「不可解な木製の物体が発見されたというロマンチックな話」（アイザック・アジモフ『アジモフ博士の聖書を科学する』）が発表されたりもしなければならないのだ。

筆者もまた、そうしたロマンチックな話を信じたがる人間の一人である。

全世界的な、人類すべてを滅ぼすような大洪水は確かにあったのだ。

そして、アララト山に箱船は漂着したのだ。

その箱船からノアが二度目に鳩を放したとき、鳩はオリーブの若葉のついた小枝をくわえてきたのである。

今日、公園や神社やお寺にいる土鳩（ドバト）も、家鳩（イエバト）や伝書鳩やレース鳩も皆、こうして箱船で待つノアのところに、オリーブの若葉のついた小枝をくわえてきた鳩の末裔なのだ。

筆者は、そう信じたかったのだ。いや、信じられればいいなあという思いが、筆者に本著を書かせたのである。

さて、筆者にとってこの『ノアの箱船と伝書鳩／紀元前２３４８―４７』は、前著『三億円事件と伝書鳩／１９６８―６９』に続く二冊目の伝書鳩本になる。

この本についても、社会評論社の松田健二さんに出版の労をとっていただいた。感謝の念にたえない。また、元『毎日新聞』編集局長の菅原亮さん、元『サンデー毎日』の編集長で後に大学教授や日本ジャーナリスト専門学校の校長などを歴任することになる鳥居守幸さんからは、貴重な資料を提供していただいた。そして、講演会ドットコムの若き友人たち、本郷クラブの面々、私の旧来の友人たちからは、原稿を書き進める途上において多くのサジェスチョンをいただいた。

なかでも、弁護士の西垣内堅佑さん、出版社・パピルスあいを主宰する鵜飼清・恵里香御夫婦、筆者の大学時代からの友人である政成功君と鶴田博和君、三浦聖記君からのサジェスチョンはありがたかった。他にお礼を述べておかなければならないのは、豊島区立池袋図書館の職員の方々である。彼（女）たちが探して、色々な図書館から取り寄せてくれた文献なしには、本著は成立することがなかっただろう。いくら感謝しても、感謝し足りることはない。日本鳩レース協会事務局の宮川幸雄さん、日本伝書鳩協会事務局の佐藤猛さんにも、貴重な時間をさいていただいた。

本著を書きあげてから、緊張の糸が切れたためか疲れがどっと出て、食事をするのもトイレに行くのにも億劫を感じる。それ故、原稿の見直しが不十分な部分があるかもしれない。詰めが甘いと思われる部分があるかもしれない。いや、疲れのせいではない。本著の文章に詰めの甘い部分があるとしたら、それは筆者のノアの箱船の話を信じたいロマンチックな心性が、追求の筆を鈍らせたからであるに違いない。読者諸氏からの批判を待ちたいと思う。

この間、一冊目の伝書鳩本『三億円事件と伝書鳩／１９６８―６９』に対する意見を、北九州市の蝶野善夫さん（日本鳩レース協会北九州第一競翔連合会）を初めとして多くの競翔家、元競翔家の方々からいただいた。本著を執筆するにあたり、それらの意見を参考にさせてもらったことはいうまでもない。本著に対しても、多くの意見を寄せていただけたらと思う。

『三億円事件と伝書鳩／１９６８―６９』については、『東京新聞』、『中日新聞』、『北海道新聞』、『産経新聞』、『日刊ゲンダイ』、『図書新聞』、東京労組機関紙『！・ちゃお』の各紙や、日本鳩レース協会機関誌『レース鳩』、『出版ニュース』、『紙の爆弾』の各誌など、筆者の手もとに届いただけで十を越えるメディアに取り上げていただいた。それによって、筆者が勇気づけられたことはいうまでもない。ありがたかった。

最後になったが、筆者の本を店頭に並べて下さった書店の方々、読者の方々、制作・流通に関わって下さったすべての方々にも、お礼を述べておきたい。

子供の頃、近所に住む親戚のおばさんに、よくカソリックの教会に連れていかれた。ノアの箱船の話は、そのおばさんに教えられたのではなかったか。親戚のなかでは、一番上品なおばさんだった。筆者の聖書に対するロマンチックな心性は、このおばさんに植え付けられたものなのかもしれない。教会でやっていた日曜学校にも、一時期通わされていた。ふと、そんなことを思い出した。

筆者はこの後、ちょっと文芸評論家に戻って片付けなければならない仕事があるが、それを終えたらすぐに、三冊目の伝書鳩本に取り掛かるつもりである。テーマは「戦争と伝書鳩」である。

今後とも、どうぞ変わらぬ御支援を……。

また、お会いしましょう。

主に参考にした文献

F.ナヴァラ『禁断の山』（川崎竹一訳　河出書房新社　一九五八年）
金子史朗『ノアの大洪水』（講談社現代新書　一九七五年）
アンドレ・パロ『聖書の考古学』（波木居斉二・矢島文夫訳　みすず書房　一九五八年）
ウーリー『ウル』（瀬田貞二・大塚勇三訳　みすず書房　一九五八年）
J・G・フレイザー『洪水伝説』（星野徹訳　国文社　一九七三年）
『ギルガメシュ叙事詩』（岩波書店　月本昭男訳　一九九六年）
ティム・ラヘイ&ボブ・フィリップス『ノアの箱舟の秘密』上下巻（扶桑社ミステリー　公手成幸訳　二〇〇五年）
ノーマン・コーン『ノアの大洪水　西洋思想の中の創世記の物語』（青木書店　一九九七年）
三笠宮崇仁『大世界史Ⅰ　ここに歴史はじまる』（文芸春秋社　一九六七年）
織田武雄・前嶋信次他『オリエント世界の誕生』（学生社　一九八四年）
岸本通夫他『世界の歴史2　古代オリエント』（河出書房新社　一九八九年）
池田裕『人間の世界歴史1　旧約聖書の世界』（三省堂　一九八二年）
高橋正男『聖書の原型99の謎』（産報　一九七七年）
ウォルター・M・アボット他編『旧約聖書の基礎知識』（春秋社　一九七六年）
『旧約聖書略註』（黒崎幸吉編　立花書房　一九七五年第八版）
『旧約聖書略解』（木田献一監修　日本基督教団出版局　二〇〇一年）
『旧約聖書』（日本聖書協会　一九五五年改訳）

矢内原忠雄『聖書講義4　創世記』(角川書店　一九四九年)
『愛鳩の友』一九六五年一月号～一九七五年十二月号(愛鳩の友社)
武知彦栄『伝書鳩の研究』(寳文館　一九二二年)
岩田巌『伝書鳩』(科学知識普及会　一九二六年)
桑原万太郎『動物と太陽コンパス』(岩波新書492　一九六三年)
土田春夫『伝書鳩の飼育と訓練』(青鳥社　一九六〇年)
松本興『鳩』(大蔵出版　一九五五年)
黒岩比佐子『伝書鳩　もうひとつのIT』(文春新書142　二〇〇〇年)
J・G・フレイザー『大洪水』(星野徹訳　国文社　一九七三年)
『源氏物語一』(新潮日本古典集成第一回　石田穣二・清水好子校注　一九七六年)
『訓読　明月記』第三巻(今川文雄訳　河出書房新社　一九七八年)

著者紹介

吉田和明（よしだ　かずあき）

評論家・コラムニスト

千葉県館山市生まれ。法政大学経済学部卒業。東京工業大学社会理工学研究科博士課程修了。80年代に総合評論誌『テーゼ』を創刊、主宰。大学やカルチャーセンターの講師を務める。現在、日本ジャーナリスト専門学校講師。

[主要著書]

フォー・ビギナーズ『吉本隆明』1985　現代書館
フォー・ビギナーズ『三島由紀夫』1985　現代書館
『吉本隆明論』1986　パロル舎
フォー・ビギナーズ『柳田国男』1986　現代書館
フォー・ビギナーズ『太宰治』1987　現代書館
フォー・ビギナーズ『芥川龍之介』1989　現代書館
『続・吉本隆明論』1991　パロル舎
フォー・ビギナーズ『宮沢賢治』1992　現代書館
『あしたのジョー論』1992　風塵社
『太宰治というフィクション』1993　パロル舎
『文学の滅び方』2002　現代書館
『三億円事件と伝書鳩／1968-69』2006　社会評論社
『太宰治はミステリアス』2007　社会評論社

他、新田準と共同監修したPP叢書『食楽』『猫愛』『嫌戦』『史語』『女詞』（凱風社）などがある。

ノアの箱船と伝書鳩——紀元前2348-47

2009年８月25日　初版第１刷発行

著　者————吉田和明
装　幀————桑谷速人
発行人————松田健二
発行所————株式会社 社会評論社
東京都文京区本郷2-3-10
☎ 03(3814)3861　FAX 03(3818)2808
http://www.shahyo.com

印刷＋製本：スマイル企画＋技秀堂

三億円事件と伝書鳩 1968－69

●吉田和明

四六判★ 1800 円／ 0935-5

彼らはあるとき「伝書鳩レースによる錬金術」を思いつく。同時期、東京府中で「三億円事件」が発生。同世代の著者はその錬金術の謎を追い、「三億円事件」の真相に迫っていく。(2006・12)

太宰治はミステリアス

●吉田和明

A5 判並製★ 280 頁／ 0953-9

2008 年は没後 60 年、2009 年は生誕 100 年。神話の森の外に太宰治を連れだそう。新しい太宰論の創生だ！(2007・7)

野添憲治著作集　みちのく・民の語り

マタギを生業にした人たち

みちのく民の語り 1

●野添憲治

四六判★ 2300 円／ 0958-4

民俗学の宝庫・秋田県阿仁町に仮住まいをかまえ、次第にうちとけながらの聞き書きを通し、マタギを生業とした人びとの姿を紹介。熊と雪に囲まれた生き方を、優しい筆致でゆっくりと描く。(2006・7)

みちのく職人衆

みちのく民の語り 2

●野添憲治

四六判★ 2500 円／ 0959-1

ものをつくることは、人の心をつくること。東北の名人とよばれる 12 人の職人たちが、厳しい修業時代をふり返り現代人に問いかける。宮腰喜久治氏の表情豊かなイラストも楽しい。(2006・8)

秋田杉を運んだ人たち

みちのく民の語り 3

●野添憲治

四六判★ 2800 円／ 0960-7

木都と呼ばれた秋田県能代市。天然秋田杉が伐倒され米代川をイカダで下るまでに何人もの労働者が駆使した技術。原木の減少と機械化された現代では失われた光景を、当事者たちから聞き書きをまとめた労作の再編集版。(2006・9)

出稼ぎ　少年伐採夫の記録

みちのく民の語り 4

●野添憲治

四六判★ 2300 円／ 0961-4

「もう出稼ぎはやめるぞ」そう叫んで、彼は訣別と復讐を誓った。戦後まもなく 17 歳の少年は、父とともに伐採夫として北海道をはじめ全国各地を渡り歩く。その 6 年間、彼が見、体験したものは何か。(2006・10)

塩っぱい河をわたる　ある開拓農民の記録

みちのく民の語り 5

●野添憲治

四六判★ 2300 円／ 0962-1

広い土地で百姓がしたい！　貧農家に生まれた由五郎は、満蒙、国内、そして南米パラグアイでの開拓と、一生を過酷な開拓に挑み続けたひとりの生涯を、綿密な聞き書きと著者の記憶とで蘇らせる。(2006・11)

大地に挑む東北農民　開拓の歴史を歩く

みちのく民の語り 6

●野添憲治

四六判★ 2500 円／ 0963-8

近代以降の開拓行政は、その時代の政策破綻や社会混乱を開拓政策の中につつみ隠した。著者は「開拓」の歴史を丹念に辿り、全国 50 余の開拓地を探訪、労苦と格闘した農民たちの足跡を追った。(2006・12)

玉川信明セレクション　日本アウトロー列伝

放浪のダダイスト辻潤

俺は真性唯一者である

●**玉川信明**

四六判★4300円／0561-6

大正から昭和にかけて生きた〝創造的ニヒリスト〟、〝無類のオリジナリスト〟辻潤の軌跡。彼の〈ことば〉は現代に未だ新しく、著者はそれを存分に紹介する。(2005・10)

エコール・ド・パリの日本人野郎

松尾邦之助交友録

●**玉川信明**

四六判★3200円／0562-3

1920年代、芸術の都パリに集った「日本人」たちを活写。「パリの文化人税関」といわしめた松尾邦之助を主役に、藤田嗣治、武林無想庵、石黒敬七、辻潤、金子光晴たちとの活躍に見え隠れする「日本」の姿。(2005・11)

反魂丹《はんごんたん》の文化史

越中富山の薬売り

●**玉川信明**

四六判★3000円／0563-0

著者の故郷、富山の薬売り(配置売薬人)の文化史。全国津々浦々を巡る〈薬売り〉という旅人たちから、江戸から明治・大正・昭和の時代の流れをあぶり出した好著。(2005・12)

評伝・山岸巳代蔵

ニワトリ共同体の実顕者

●**玉川信明**

四六判★3400円／0564-7

山岸会創始者の思想と生涯に肉薄し、魂と生活の跡を克明に追った一冊。〈不透明な〉思想家のその実像とは。(2006・1)

大正アウトロー奇譚

わが夢はリバータリアン

●**玉川信明**

四六判★3200円／0565-4

民衆の怨歌師・添田唖蝉坊、ポルノ出版の王者・梅原北明、反俗の南蛮学者・国本良知、住民運動の原像・逸見直造の生涯。放埒無頼な数々の〈大正エネルギー〉。(2006・2)
